위즈덤하우스는
새로운 시대를 이끌어가는
지혜의 전당입니다.

쇼핑 스캔들

# Shopping Scandal

Shopping Scandal

두 여기자가 목숨걸고 취재한

# 쇼핑 스캔들

글 | 김이연 · 박혜숙

위즈덤하우스

## 머 리 말 을  대 신 하 는  20대 의  프 롤 로 그

　쇼핑의 진정한 즐거움은 막 사가지고 돌아온 따끈따끈한 물건더미를 방바닥에 던져놓고 포장을 하나씩 풀어나가는 그 순간에 있다. 쇼핑하러 나갈 때의 설레임, 물건을 고르기 위해 고민했던 것, 한푼이라도 더 깎거나 더 싼 곳에서 좋은 물건을 사려고 곤두세웠던 오감을 만족시키는 물건들을 산 뒤에 집에서 다시 꺼내보는 그 순간! 바로 그 순간이 진정한 쇼핑의 에테르다. 앞으로 닥칠 3개월 무이자할부의 카드값이나 어마어마하게 구멍난 생활비 따위는 잊고 내 손에서 반짝반짝 빛나는 기쁨의 결정체를 순수하게 즐기는 것이다.

　우리의 20대에 쇼핑과 사랑이 없었다면, 세상살이가 얼마나 우울했을까?

　확실히 우리의 20대는 야근과 철야를 밥 먹듯이 하며 말 그대로 피눈물나게 돈 벌어서, 맛있는 것 사먹고 옷과 가방, 구두를 쇼핑하는 일만으로도 '다사다난' 했다. 고등학교 혹은 대학교를 다닐 무렵까지 루이비통, 구찌, 프라다 같은 명품브랜드가 세상에 존재하는지도 몰랐고 심지어 백화점 브랜드 옷도 낯설기만 했던 '시골뜨기'에게 브랜드의 가치와 아름다움, 고급스러움의 미학을 알게 한 것은 '잡지장이'라는 직업 덕분이었으니 이것도 '운명'일까?

　매달 촬영과 자료수집을 위해 각종 유명브랜드 제품들을 보고 만지며, 급기야 고급 멤버십 잡지까지 섭렵하는 동안 눈은 높아질 대로 높아졌지만 소득수준은 늘 제자리였다.

　동대문에서 5만원 주고 산 옷과 90만원이나 하는 셀린느 니트가 뭐가 다르냐고 물으신다면 "일단 한번 걸쳐보세요~"라고 말해주고 싶다.

　"거울 속 저 인간이 정녕 나 맞는 거야?" 화들짝 놀라 다시 들여다볼 만큼 귀태 줄줄 흐르는 것은 물론, 옷을 입었는지 바람을 걸치고 있는지 알 수 없을 만큼 가벼운 착용감! 촬영 당일 명품브랜드 담당직원이 경호원까지 붙여 금이야 옥이야 싸들고 오는 액세서리를 훑어보다가 "이거 예쁜데" 하고 하나 쓱 집어 들면 하필 그건 그중에서도 제일 비싼 1천6백만원짜리 목걸이고, 많고 많은 구두 중에 "음, 발등이랑 굽 라인이 예술이군, 이건 얼마야?" 하고 물어보면 십중팔구 백만원을 육박하는 명품브랜드다.

　인간이 아름다운 것을 좋아하고 갖고 싶어하는 욕심은 죄가 아니다. 다만, 분수를 좀 생각해주셔야지. 그러니 어쩌겠어, 한달치 월급을 다 줘야 살 수 있는 명품백과 의상을 사지를 수 없으니 어찌어찌 십분의 일 가격에 뽀대 비슷한 것이라도 구입해줘야 하지 않겠는가! 눈은 높고 월급봉투는 얇은 우리는 좋은 것, 예쁜 것에 대한 사랑으로 동대문과 이태원, 아울렛 등을 종횡무진하며 쇼핑의 기술을 연마할 수밖에 없었다.

　누군가 쇼핑에 눈 먼 우리의 20대를 향해 한심하다고 손가락질한다 해도 별로 개의치 않는다. 알뜰하게 살아오지는 않았지만 30대에 접어든 지금, 다행히 마이너스통장, 카드빚 없고, 다달이 환경단체와 어린이단체에 후원금도 내고 있으며, 그동안 주변사람들에게 돈 빌리거나 떼어먹은 일 없이 남에게 피해 안 주며 살았으니 말이다. 예쁜 옷 좋아하고, 가방과 구두만큼은 반드시 비싸고 좋은 걸로 사야 직성이 풀리는 나 같은 부류의 여자를 향해 '된장녀' 라고 비아냥대는 남성분들이 있다한들 '…그러시던가…'

인생사라는 게 개인적으로 '좋고 나쁨' 과 '선택' 이 있을 뿐 절대적인 '옳고 그름' 이 있을 수 있나 싶다. 인간이란 누구나 행복해지기 위해 지지고 볶고 사는 거니까. 그래서 예쁜 것을 좋아하는 사람은 필연적으로 물건을 소비해야 행복해진다. 서른 문턱을 지난 지금. 원룸 가득히 각종 티셔츠 쪼가리와 청바지를 쌓아올리고 현금서비스 받아 카드값 막느라 골치 썩던 지난날을 돌이켜보면, 차라리 위안이 된다고 하면 우스울지 모르겠다.

"그래 잘 놀았어!" 싶은 것이 말이다.

대신, 확실히 서른을 넘어서면 여러모로 달라져야 한다는 걸 느낀다. 그렇다고 갑자기 개과천선해서 쇼핑을 딱 끊고 재테크와 부동산, 그리고 가사일에 투신한다는 말은 절대 아니다. 그 버릇 어디 가겠는가? 이미 우린 예쁜 것들, 더 다양한 새로운 것에 중독된 여자들인걸. 대신 과거에 이미 백만 개쯤 사봤던 싸구려옷 쪼가리와 액세서리 대신 나이 서른이 넘으면 좋은 물건 사는 게 투자라는 걸 알아야 한다는 얘기다(결국 쇼핑 얘기다). 지병처럼 불치병인양 앓고 살았던 '충동구매' 라는 병도 서서히 '조금 참아 좋은 것 사자' 라는 병으로 갈아탈 조짐이 보이기 시작하니 말이다.

한달치 월급을 오롯이 카드값으로 상납하고 밥값도 없이 출근을 하면, 후배 랍시고 선배들이 밥도 사주고 술도 사주니 어떻게 근근이 버티며 살아가던 20대의 나날들. 이렇게 우리의 20대는 쇼핑과 카드결재로 점철되었지만 지금도 웃으며 말할 수 있다.

"그래도 행복하고 즐거웠어!"

## 30대의 프롤로그 Shopping 30's

내 기호에 맞는 물건을, 필요에 의해(물론 쇼핑중독이 심해지고 지름군이나 질러양이 고대 그리스 비극의 코러스처럼 합창을 할 땐 이 단어가 자주 빛을 잃는다), 적정한 값을 치르고 만족을 얻는다는 심플한 '쇼핑의 법칙'은 그러나 20대를 넘기고 30대가 다가오자 조금 복잡해지기 시작했다. 임금상승률에 비해 물가상승률이 턱없이 높아진 것은 애교일 정도로 나의 눈은 '고급브랜드'와 '명품'이라는 단어와 더불어 하늘 높은 줄 모르고 높아지고 있는 데다, 집에서의 독립, 결혼 등을 지나오면서 내 옷가지나 사 나르면 되던 쇼핑의 바운더리가 엄청난 증식과 확장을 이룬 것이 그 이유다. 이것은 지인의 결혼식에 입을 '척 보기에도 비싸 보이는' 브랜드 정장을 싸게 구입하는 3개월 필살을 다짐하며 기획에서부터 다음달 손님 초대상에 올릴 뽀대나는 그릇과 일주일치 식품구입 목록, 어젯밤부터 심상치 않은 소리를 내며 꿀럭거리는 싱크대 배수구를 위해 내일 당장 잊지 않고 '뚫어 펑'을 사는 것을 동시다발적으로 처리해야 한다는 걸 뜻한다.

집에서 독립을 했건 안했건, 결혼을 했건 하지 않았건, 아이가 있건 없건, 20대의 쇼핑과 30대의 쇼핑은 다르다. 다를 수밖에 없다. 말했다시피 사야 할 것도 많아지는데다 어떤 면에서는 고급스러움도 같이 추구해야 하기 때문이다. 나의 20대가 설거지하기 귀찮아서 매일밤 컵라면에 나무젓가락, 1회용 스푼을 일상다반사로 사용했다면, 30대의 나는 환경호르몬에 관련된 프로그램이나 신문기사 하나에 집에 있는 코팅프라이팬, 플라스틱 반찬용기를 그날로 내다버리고 몸에 좋다는 걸 당장 새로 살 정도로 건강레이더망을 풀가동하고 있다. 행주 빨기 귀찮아서 키친타월만 주구장창 쓰던 내가(바닥 닦는 걸레로도 썼다고 고백해도 될까나) 이제는 동대문원단시장에서 소창을 끊어다가 가장자리를 감침질해 행주를 만들고 매일밤 소다로 푹푹 삶아서 널어놓고 잔다. 한 계절 입고 버리는 면티에서 10년은 두고 입을 수 있는 실크블라우스에 좀더 눈이 간다. 또 새로 나온 컵라면이나 전자레인지용 레토르트 식품보다 무공해청정지역에서 직접 채취한 해산물이나 곡식, 채소를 직거래할 수 있는 루트를 찾아다니면서, 나는 좀더 건강해지고 어른스러워진 느낌이다(그게 뭐가 어른이냐고 한다면 사실 딱히 반박할 말은 없지만).

그렇다. 나는 어떤 부분에서는 진화하고 있다.

물론 쇼핑에 드는 시간과 노력은 한결 복잡해졌다. 여전히 무언가를 사는 것에 미쳐서 돈 쓰는 일이라면 아픈 몸을 이끌고 시장으로 나가 활기를 되찾고 새로운 쇼핑플레이스에 두 눈이 반짝이긴 하지만 조금씩 더 나은 인간으로, 더 나은 삶을 꾸리는 인간으로 바뀌어가고 있는 것이다(그렇게 믿고 싶다). 물론 이렇게 되기까지 질풍노도의 시간과 주변사람들이 '헛돈 쓰네'라고 가차없이 말하는 다양한 시행착오를 거쳤다. 옷장 구석이나 베란다 창고박스

맨 밑에 처박힌 불쌍한 영혼(물건에게도 이런 것이 있다면)들에게 심심한 사과의 말도 이참에 곁들이고 싶다. 하여간 새로 나오는 것, 좋다는 것을 모조리 구입하거나 남에게 구입해보라고 옆구리 찌르는 실험정신이 결실을 이루려는지 그 덕에 지인들이 쇼핑하기 전에 나에게 조언을 구하는 일도 많아졌다. 돈만 보면 뭘 사고 싶어서 춤을 추던 나도 어느덧 나이가 들고 연륜이 쌓여 진짜 필요한 것, 정말 가치있는 것을 구입하기 위해 세 번에 한번은 참을 줄도 알게 되었다.

언제 어디서나 누구건 간에 소비하고 그 대가로 물건을 획득한다는 것은 즐거운 일이지만 쇼핑의 내용과 질적인 측면은 각양각색이다. 생각해보면 나의 20대에서 30대로의 변화는 한번 쓰고 버리는 인스턴트로 가득 찬 라이프스타일을 느리게, 웰빙컨셉으로 완벽하게 바꾸는 것과 다름없는 일인 것 같다. 뚱딴지 같은 소리 같겠지만 이 사회는 30대 여성들에게 매우 가혹하다. 결혼도 하라 하고, 결혼했으면 애는 하나 이상은 낳아야 애국하는 길이라 하고, 돈도 많이 벌라하고, 요리와 청소를 비롯한 살림도 잘하라한다. 험한 세상, 노후를 생각해서 재테크 능력도 뛰어나셔야 한다. 목구멍까지, 세상을 향해 "니가 다~해!!!!!"라고 소리 지르고 싶은 마음이 치밀어 오르지만 참는다. 일단은 묵묵히 '하고 싶은 일만 하며 살 수 있는 방법'을 찾는다. 주위사람도 단념시키고 스스로 체념도 하면서, 기운이 쳐지고 삶에 메리트가 없을 때 나는 누가 뭐래도 쇼핑을 하며 원기를 북돋운다. 쇼핑을 죄악시 여기는 사람도 많지만 어찌되었거나 우리는 매일 돈을 쓴다. 돈을 지불하고 유무형의 무언가를 얻는다. 그것은 틀림없이 하루에도 몇번씩 일어나는 일이다. 이 책이 여자들의 쇼핑에 대한 친절한 가이드가 되었으면 좋겠다. 적은 돈으로 실속있게, 최소한의 품위를 유지하며 쇼핑하는 노하우에 대해서 말이다.

# contents

좋은 것에 올인하라

part 4 **Food**

아이디어를 제대로 활용하라

part 5 **Living**

2 story giny
Drawing is a logic to it; you start with a
mark, which leads to a line, then a shape;
the addition of tone gives the shape an
impression of three-dimensionality, and
the addition of texture gives a specific
quality to the shape.

‘쇼핑에 대한 생각’은 곧 ‘인생철학과 통한다’,
‘죽어도 가오’ ‘이가 없으면 잇몸으로’ ‘다다익선’
‘열 남자보다 괜찮은 가방’

part 1

# Fashion

가방, 구두, 청바지, 티셔츠, 실크 블라우스 등, 여자를 행복하게 하는 모든 것
>> 꼬리를 물고 이어지는 할부, 카드 한도액 초과를 막는 법

Vivien Bis

성격도 다르고 생김새도 다르듯이 옷에 대한 취향도 모두 제각각이다. 어떤 사람은 좋다고 하는 옷을, 어떤 사람은 거들떠보지도 않는다. 그것이 바로 남들이 뭐라 할 수 없는 옷에 대한 취향이다.

'쇼핑에 대한 생각'은 곧 '인생철학과 통한다'고 나는 확신한다.
실제로 어떤 말을 갖다붙여도 잘 어울린다.


예를 들어
'죽어도 가오'
'이가 없으면 잇몸으로'
'일단 지르는 게 남는 것'
'다다익선'
'열 남자보다 괜찮은 가방!'
이런 말이 쇼핑과 잘 어울린다고 생각한다면 이미 당신의 수납장은 터져나갈 지경일 것이다. 이런 식상한 멘트가 아니더라도
여자에게는, 아무리 패셔너블하다고 자부하는 여자에게도 저마다의 쇼핑관과 고칠 수 없는 쇼핑습관이 있다.


만원짜리는 가랑비에 옷 젖는 줄 모르고 슬금슬금 열 개씩 사들이면서 십만원 단위는 벌벌 떨면서 못 사고 스커트도 팬츠도
없는데 매번 티셔츠만 죽어라 산다거나, 같은색 옷만 열렬히 산다거나(이런 타입은 보통 비슷한 디자인의 검정색에 꽂혀 있는 경우
가 많다지), 제대로 된 정장이 한 벌도 없다거나(결혼식을 비롯한 각종 행사만 닥치면 입을 옷이 없다는 우울증에 시달린다), 옷장에는
어울리는 옷도 없는데 값비싼 유행아이템을 충동구매한다거나(친구 따라 같은 것을 사는 최악의 시나리오도 있다), 잠깐의 세일을
못 기다려 두고두고 속 쓰린 적이 많다거나 하는, 수많은 후회들이 쇼핑의 기쁨과 공존한다. 한정된 돈으로 쇼핑아이템의 질
과 양, 눈 돌아가게 변하는 트렌드, 까다로운 취향까지 만족시키려면 웬만한 열정과 시행착오 없이는 어렵다.

루이비통이란 말이 세상에 존재하는지도 모르던 귀여운 시절이 나에게도 있었는데, 이제는 '여자나이 서른 넘으면 명품가방은 자산이다' 라는 말에 밑줄 쫙 긋는 내가 되었다. 십만원으로 옷 세 벌을 마련하는 재주와 6개월 프로젝트로 명품가방 마련하는 깜냥이 절실한 지금의 내가 있기까지의 화창한 어느날로 돌아가보자.

사무실로 날아든 카드전표를 펼친 순간 숨이 멎는 줄 알았다.
'결재    예정금액    2 백 만 원'
그러니까, 내 한달 월급이 고스란히 카드값으로 빠지고 나면……? 난 한달간 뭘 먹고 사느냐 말이지!
그래, 지난달에 다음 시즌을 대비한 옷을 몇벌 사긴 했지. 하지만 거의 3개월, 6개월 무이자할부로 구입했잖아. 숨을 가다듬고 승인목록을 찬찬히 살펴보기 시작했다.

OOO 아울렛

OOO 아울렛

OOO 아울렛

OOO 아울렛

·

·

·

중략

·

．
．
OO 백화점
OO 백화점
．
．
．
후략.

리스트를 훑어보자 더더욱, 더이상 물러설 곳이 없어졌다. 확실히 이 손으로 몸소 '시원~하게' 긁어주신 카드리스트인 것이다. 옆자리를 슬쩍 쳐다보니 선배의 표정도 사색이다. 당연하지. 아울렛과 백화점, 동대문, 이태원을 오가며 나와 함께 쇼핑의 즐거움을 만끽한 '공범자'니까.

아아, 그후로 오랫동안 이어진 '현금서비스'와 '마이너스 통장'으로 연명하던 나날이여!

20대 중반 무렵, 취직과 함께 상경이라는 급물살을 타고 더 큰 쇼핑의 세상으로 입문한 나는 쇼핑의 세계에 본격적으로 발을 디뎠다. 말 그대로, 물 만난 고기처럼! 이십대 중반까지 중소도시에서 살다가 서울에 막 상경한 '촌년'이 드디어 '내 손으로 번 돈'으로 쇼핑하는 기쁨을 만끽하기에 이른 것이다. 새벽녘 동대문도 가끔 빠꼼거리고 밀리오레와 두산타워도 들락거리면서 명품 짝퉁가방도 사고 온갖 티셔츠 쪼가리를 구입하면서 적은 돈으로도 풍족한 쇼핑의 즐거움을 누리던 때였다.

그러던 어느날 운명과도 같이 브랜드 상설할인매장, 즉 '아울렛' 세계에 입문하면서 나의 쇼핑은 즐거움을 넘어 중독의 수준에 이르게 된다. 하필 그 무렵, 다니던 회사가 백화점 쇼핑의 메카, 을지로 롯데백화점 바로 앞 건물 2층으로 이사를 했다. 뭐 그 다음은 말 안해도 알 것이다. 동대문과 로드숍, 아울렛과 백화점, 이태원을 섭렵하는 20대 여성의 쇼핑기행 스타트! 사는 곳 역시 물 좋기로 소문난 홍대 앞인지라 근처 로드숍에도 줄기차게 드나들다가 주인들과 친해져서 나중에는 할 일 없는 날이면 운동복 입고 털레털레 걸어나가서 단골숍에서 앉아 커피도 마시고 가끔은 밥도 시켜먹는 경지까지 이르게 됐다. 믿었던 숍에서 얼토당토않게 몽땅 바가지를 쓰고 백화점에서 당당하게 제값 치르고 산 값비싼 정장이 며칠 후 세일에 돌입하는 눈물나는 상황도 겪었다. 새벽에 동대문시장에 갔다 와서 다음날 회사에서 하루 종일 졸았던 일은 철없던 20대에 한두 번 있을 수 있는 일이라 치고 매주 아울렛으로 출근도장을 찍으면서 한 삼 년은 쇼핑을 안해도 될 만큼 옷을 사다가 카드한도 초과를 몇번이나 겪기도 했다. 행복하고 정신없는 나날이었다.

어떤 사람은 '저런 정신 나간 X가 있냐'고 손가락질할 수도 있겠으나 정도에 차이는 있을지언정 패션에 관심 있는 여자라면 다들 어느정도는 겪어보았을 것이다. 그리고 이런 상황에 처해봐야 머리카락이 떡지도록 방구석에 처박혀 앉아 해결책을 모색하다가 삶에 대해서도 진지하게 생각해보게 되고, 그러다가 노후대비로 적금도 시작하고 또 값싸게 좋은 물건 구할 수 있는 쇼핑의 기술도 생각해보는 것 아니겠는가(물론 취직하자마자 적금 붓고 1억 정도는 몇년이면 모으는 타고난 알뜰파들도 있겠지만 말이다).

wishing
you...
story of... recipe
JIM THOMPSON

나와 같은 당신들을 위해,
목숨(카드한도)걸고 터득한
패션 쇼핑의 기술을 공개한다

# Skills of Fashion Shopping

● **유행은 반만 쫓아라** 자기의 기본스타일을 정해놓고 유행아이템과 고가, 저가 아이템을 잘 믹스매치하는 것이 패션의 기본법칙. 패션아이템을 살 때는 이것이 한 시즌이면 끝나고 말 유행인가 아니면 오래도록 지속될 트렌드인가 하는 것을 곰곰이 생각해보는 신중함이 필요하다. 이를 구분하는 데는 어느정도 패션에 대한 관심과 내공이 필요하다.

**한군데서만 쇼핑하지 말라** '한 패션 한다'는 스타일리스트들이 공통적으로 하는 말은 스타일 있는 사람이 되려면 자기에게 어울리는 기본스타일을 정한 후 고가와 저가 아이템, 기본과 유행 스타일을 적절히 믹스매치할 줄 알아야 한다는 것이다. 재킷이나 코트 등은 백화점이나 브랜드 상설할인매장에서 티셔츠나 속옷, 싸고 가벼운 유행아이템은 인터넷을 활용하면 편하다. 수입브 랜드의 OEM 상품 등이 많은 이태원은 개성 있는 아이템을 싼값에 구할 수 있는 훌륭한 쇼핑장 소다.

**일년에 두 번, 트렌드는 패션소품으로 따라가라** 요즘 최고의 트렌드 리더로 떠오르는 헐리 웃 여자 스타들의 스트리트 패션을 눈여겨보라. 청바지에 면 티셔츠를 입었을 뿐인데, 왜 그렇게 세련돼 보이냐고? 선글라스나 벨트, 스카프, 가방 같은 소품을 잘 매치했기 때문이다. 철철이 바 뀌는 유행 따라 옷을 장만하다가는 가계부에 펑크는 필수코스다. 일년에 두 번 봄과 가을에 트렌 디한 소품 몇개 장만해놓으면 일년 내내 스타일리시한 사람으로 보일 수 있다.

**계획적으로 쇼핑하는 현명한 쇼퍼가 되라** 슬슬 시즌이 막바지에 이르고 새로운 시즌이 시 작되려 하면 여자들의 마음에 쇼핑욕구가 모락모락 피어나기 시작한다. 하지만 쇼윈도에 걸린 새 시즌 상품이 당신의 마음을 미칠 듯이 사로잡아도 계획 없이 질러서는 안된다. 우선 옷을 사기 전에 옷장정리를 확실히 하고 내 옷장에 어떤 디자인과 컬러가 있는지 파 악해야 한다. 이렇게 옷장정리를 하고 계획적으로 쇼핑을 하면 티셔츠 하나를 사더라도 있는 옷과 잘 매치할 수 있는 것을 고를 수 있다.

204
204
디자이너크럽
www.designerclub.co.kr
OPEN

# 값싸고 질 좋은 옷을 구할 수 있는
# 쇼핑 플레이스

# 첫번째 패션 아지트,
# 밤을 즐기는 동대문 원정대

### 초보기자의 동대문 밤시장 입문기

교복을 입고 다닐 때는 몰랐다. 옷이 얼마나 재미있는 것인지. 기껏 욕심내서 사고 싶었던 옷은 지하상가에서 파는 1만 5천원짜리 '불티나' 청바지였다. 대학에 들어오고 나서도 몰랐다. 스트레스를 쇼핑으로 풀면 얼마나 좋은지를. 학교 내 기숙사에서 살던 때라 잠옷 위에 코트 걸치고 수업 들으러 달려가던 한심한 시절이었다. 술 마시러 밤에나 교문 밖을 나올까. 그리고 더 나이가 들어 엄마 따라 가끔 가던 백화점을 벗어나 처음 동대문에 옷을 사러 가기 시작한 것은 잡지사에 갓 입사했을 무렵이었다. 학교 졸업기념이라며 선배들이 돈을 모아 내게 졸업선물을 사준다며 야밤에 동대문에 간 것이다. 눈이 휘둥그레져서 거대하고 사람 많은 밀리오레를 돌아다니면서 결국 내가 고른 것은 MCM 짝퉁배낭이었다. 그 가방을 가슴에 소중히 품고 선배들 뒤를 따라다니고 있을 때 선배들은 1층부터 5층 액세서리 매장까지 잰걸음으로 돌아다니며(한 집도 놓치지 않고 모든 집을 샅샅이 보고 다녔

다) 마음에 드는 무엇이 발견되면 거의 걸음을 멈추지 않고 옷을 낚아채, 흥정도 고민도 없이 바로 계산하는 놀라운 기술을 내게 선보였다. 진정 밤이 새도록 그러했다.

　동대문만 8년차인 내가 단언하건데, 시장에서 제대로 된 옷을 사려면 아무리 허름한 옷이 걸려 있는 집이라도 놓치지 않고 샅샅이 봐야 한다는 것이다.

　좋아하는 스타일, 연령대가 모두 다를 독자들에게 말하자면, 동대문은 발품밖에는 답이 없다. 쇼핑시간이 넉넉하고 인내심이 풍부하거나, 눈썰미 끝내주는 사람만이 할 수 있는 일이다. 미리 얘기하는데 백화점에서도 옷 잘 못 고르는 사람이라면 동대문은 '도사'와 함께 가지 않는 한, 권하고 싶지 않은 쇼핑 장소다.

Best Shop
CLASSIC
Sale
Sale
Sale
HA
PR

## 자꾸 보면 소재를 보는 안목이 생긴다

그렇게 촌발 날리던 나도 밀리오레와 두산타워를 슬슬 다니기 시작하다가 월급이 들어오고 나면(동대문은 현금장사니까) 회사 동기나 선배들과 동대문 원정에 나섰다. 회사 업무가 끝나는 저녁 7시쯤에 가서 밀리오레, 두산타워 찍고 그 앞에서 떡볶이나 만두로 야참을 먹는다. 그리고는 물 마실 틈도 없이 빚 받을 거 있는 사람처럼 정신없이 길을 건넌다. 제일평화시장, 디자이너클럽까지 찍고 정신 차리고 나면 복작대던 밤시장은 썰물 빠지듯 사람들이 사라지고 시장상인들도 주섬주섬 가게를 정리하는 새벽이 밝아온다. 남는 것은 눈 밑의 다크서클과 손가락이 끊어져라 주렁주렁 매달린 옷 비닐보따리들뿐이다. 집에 들렀다 가면 틀림없이 뻗어서 자기 때문에 다들 그 몰골로 회사로 돌아와 일해야만 했다. 그 밑도 끝도 없던 동대문쇼핑으로 스타일이 좋아졌다거나 하는 건 절대 아니다. 늘 촬영할 때 입기 편한 면티셔츠와 청바지, 주머니 달린 카고팬츠만 줄창 사댔기 때문이다. 때로는 너무 낮거나 높거나 볼이 좁아서 불편한 신발과 쓰지도 않을 모자, 몰랐는데 사고 보니 짝퉁인 가방들을 사기도 했다. 색깔도 언제나 검정 아니면 화이트. 왜 그렇게 옷을 샀는지 이해할 수 없는 세월이다.

하지만 비슷한 아이템을 계속해서 사들이다 보면 소재를 보는 눈이 생긴다. 옷만 척 봐도 면 100%인지, 폴리 소재가 섞였지만 고급원단인지, 신축성이 있어 몸매가 예뻐 보이는지 아니면 보기는 멀쩡해 보여도 패턴이 별로라 위 팔뚝이 꽉 끼는 못 입을 물건인지 알게 된다는 말이다.

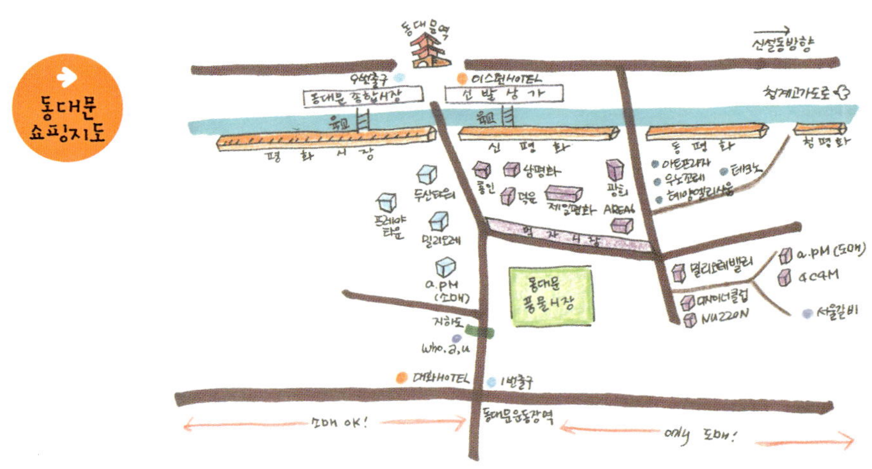

## 기껏 샀는데 싼 티 나면 곤란하지 않나?

동대문에서 옷을 사려는 사람들에게 한가지 당부하고 싶은 게 있다면 그건 바로 동대문 옷일수록 소재를 잘 보고 사라는 것이다. 백화점 브랜드야 소재가 비닐이라도 브랜드 컨셉이라면 할 말 없지만 시장 옷은 소재가 나쁘면 정말 싼 티 난다. 이런 옷 열 벌 가지고 있는 것보다 조금 비싸더라도 브랜드 옷을 사라고 권하고 싶다. 이왕이면 좀더 예뻐 보이려고 산 옷인데 너무 싼 티가 나면 곤란하지 않겠나? 특히 흰티에 청바지만 입어도 예쁠 나이가 훌쩍 지난 사람이라면 말이다.

시작은 참신한 맛이라고는 눈꼽만큼도 없는 MCM 짝퉁가방이었으나 끝은 창대하리라!

어디가 어딘지도 모르던 사람도 몇년 동안 매달 한두 번씩 동대문을 빙글빙글 돌다보면 단골도 생기고 얼굴 봤다고 싸게 해주는 곳도 생긴다. 시장은 길을 낯설어하는 사람에게는 두렵고 정신없는 쇼핑장소이기 때문에 처음 동대문에 가는 사람이라면 두산타워 지하 1층 디자이너존 '두체' 나 제일평화시장 지하 1~2층을 둘러보는 게 좋다. 보는 눈은 있는데 '비슷한 시장표 옷이 잔뜩 쌓여 있고 복작대는 시장' 먼저 돌아다니다 보면 동대문에 실망하기 때문이다.

## 패셔너블하고 싶나, 고수에게 들이대라

　　　　　　　　늘 안전한 두산타워와 제일평화를 즐겨 찾던 내가 동대문에
대한 시야를 넓히게 된 계기가 있었다. 지금은 요리책을 몇권이나 내신 베스트셀러 작가이자 쇼핑의 대가
로 '검은 봉다리의 여인(검봉녀)' 이라는 별칭이 있는 82쿡www.82cook.com의 김혜경 선생님 덕분이다. 검봉
녀는 백화점의 쇼핑백 대신 시장에서 물건을 담아주는 검은 비닐봉지를 늘 들고 다니는 것을 빗대어 스스
로 지으신 별명이다. 『일하면서 밥해먹기』라는 책이 나올 때부터 팬이었던 나는 82쿡사이트에도 득달같
이 가입을 했는데, 몸담고 있던 잡지사에서 선생님과 1년 정도 요리칼럼을 연재할 기획이 잡혀 처음 만나
게 되었다. 그때나 지금이나 새로운 쇼핑장소에는 염치 안 가리고 달려드는 나는 82쿡 칼럼에 써놓으신
'덕운상가' 쇼핑기를 보고 그곳에 너무 가보고 싶은 나머지 촬영컨셉 미팅을 옷 파는 시장에서 하자고 말
을 건넸다. 흔쾌히 그러자고 하셨지만 속으로는 뭐 이런 기자가 다 있나 하셨을지도 모르겠다. 요리칼럼
에 옷시장 미팅이라니 ㅋㅋ. 그래도 예전에 황신혜의 인터뷰에서 그녀도 마음에 드는 가방을 들고 지나가
는 여자를 발견하면 뒤쫓아가서 '그 가방 어디서 샀냐' 고 물어보는 쇼핑광이라는 말에 속으로 위안을 삼
고 있다. '원래 패셔너블해지려면 안면 몰수하고 고수에게 물어보는 거야' 이러면서 말이다.

　　그날 괜찮은 옷이 있을 법하지 않은 허름한 덕운상가 2층으로 올라가 선생님의 가이드로 산 옷은(어찌나
많이 샀는지 현금인출기를 세 번이나 왔다갔다했다) 지금까지도 고이고이 입고 있으며 선생님 덕분에 커피대접 받
으며 수다를 떨었던 상인들은 4년이 지난 최근까지도 쭉 단골이다. 그곳은 정말 보물창고나 다름없었다.
다른 동대문시장에서 3～4만원 하는 것도 무조건 1만원선! 다만 최근에 덕운상가가 리모델링하면서 2층
에 있던 상가들이 뿔뿔이 흩어졌는데, 요즘은 동대문에 가기만 하면 그 상가들이 어디로 갔는지 하나하나
추적중이다. 어차피 잘 진열된 백화점을 포기하고 들른 동대문이니만큼 허름한 겉모습이나 무더기로 쌓
여 있어 뭐가 뭔지 잘 모르겠는 상황에 절망하지 말자. 꿋꿋이 옷무더기를 뒤지고 물샐틈없이 빽빽하게
걸려 있는 세일 행거를 뒤지다보면 나만의 보물을 만날 수 있다. 그래서 요즘은 동평화와 청평화 지하를
샅샅이 뒤지고 다니며 단골 루트를 새로 만드는 중이다.

## 눈만 잘 굴리면, 외국디자이너 옷도 살 수 있다

성격도 다르고 생김새도 다르듯이 옷에 대한 취향도 모두 제각각이다. 어떤 사람은 좋다고 하는 옷을, 어떤 사람은 거들떠보지도 않는다. 그것이 바로 남들이 뭐라 할 수 없는 옷에 대한 취향이다. 동대문에 가는 첫 시작은 친한 사람이나 잡지에서 얻은 정보로 도움을 얻는 것에서 시작된다. 하지만 일단 갔다면 자신의 눈과 감각에 의지해 멋진 가게와 옷을 찾아내라고 말하고 싶다. 동대문에 가는 백만스물두 명의 취향을 모두 맞춰줄 만큼, 동대문의 스타일은 다양하다.

시장과 가게마다 특성이 있는데 국내브랜드의 B품을 가져다 파는 곳, 매장에서 자체적으로 원단과 디자인을 만들어서 파는 곳, 외국에 수출하는 옷을 빼돌려 파는 곳, 또 외국브랜드의 중국이나 동남아 OEM 공장에서 물건을 떼다가 파는 곳이 있다(한때는 우리나라에 이런 공장이 많았는데 많은 브랜드들이 더 싼 곳을 찾아 중국과 동남아 등지로 공장을 이전했다고 한다).

아베크롬비, 홀리스터, 리바이스, CK 등의 캐주얼 브랜드를 비롯해 요즘은 명품인 마크 제이콥스, 미우미우, DKNY, 꺄사렐, 안나 수이, 스텔라매카트니, 끌로에까지! OEM 제품을 주장하는 물건도 쉽게 찾을 수 있다. 여기서 '주장'이라는 말을 쓰는 것은 A급 짝퉁의 천국인 우리나라에서 원래는 50만원이 훌쩍 넘는 명품 옷을 2~3만원에 구입하면서 너무 많이 기대하지는 말라는 것이다.

## 카피라고 무시마라, 오히려 디자인이 감각적이다

예전에는 브랜드 택을 가위로 잘라 브랜드 네임을 훼손한 것이 진짜 OEM이라는 말들을 했지만 사람들이 그것만 찾자 상인들은 멀쩡한 브랜드 택을 잘라내고 판 지 오래다. 하지만 때로 진짜 OEM이 손에 걸려 택을 제대로 안 떼고 입은 뒤 마트에 갔더니 삑삑거리는 도난방지택이 부착된 거라 경비원 앞에서 가방을 몽땅 열어 보인 적도 있었다. 가방을 열어 보이고 있어도 흐뭇한 기분, 아실랑가? OEM 브랜드를 완전히 믿을 건 아니지만 그게 카피일지라도 소재와 디자인이 백화점에서 판매하는 우리나라 브랜드보다 훨씬 감각적인(명품카피니까 당연한 것일까?) 경우도 있으니 관대하게 지갑을 열어도 좋다.

동대문시장 옷이 브랜드 카피라서 싫다고? 그렇다면 옷가게마다 팻말을 붙여놓은 00스타일표 옷을 찾지 말고 생소한 외국브랜드의 옷이나 라벨이 없는 것을 찾아라. 나도 사람인지라 브랜드가 좋다. 하지만 시장 옷이 카피라서 싼 티 난다는 말에는 동의하지 않는다. 오히려 브랜드옷 시장에 가격거품이 너무 많다. 우리나라 브랜드도 외국브랜드 카피가 대부분이다.

뭐 하나가 유행하면 유명브랜드 너도나도 어디서 본 듯한 디자인을 대량생산해내지 않는가? 동대문보다 소재가 훨씬 좋아 보이지도 않는다. 몇년 전 잡지의 패션화보 촬영할 때 코디네이터가 빌려온 옷이 너무 예뻐서 '어디 건데 이렇게 예뻐?' 하는 생각에 상표를 뒤집어보고 내 눈을 의심하지 않을 수 없었다.

당시 우리나라에 입점해 있지 않았던 '마크 제이콥스' 가 떡하니 붙어 있었던 것.
그 옷의 패턴을 똑같이 떠서 소재도 똑같은 걸 구해서 똑같은 옷을 만들어 국내
브랜드 상표를 붙이고 몇십만원에 팔겠다는 것이었다. 옷이란 패션디자이너가
머릿속의 영감으로 온갖 디자인을 창조적으로 만들어내는 거라고(TV에서 심어준 디
자이너에 대한 이미지) 내심 존경하고 있던 터라 실망이 이만저만이 아니었다. 물론 모든 브랜드가 옷을 가져
다가 똑같이 카피하는 것은 아닐 것이다.

하지만 디자인은 창의력을 1% 더한 카피의 연속이다. 세계적인 명품브랜드들도 하다하다 안되면 옛
날 디자인을 재해석해서 내놓지 않는가? 유행이 돌고 돈다는 말이 그래서 나온 듯. 그러니 시장 옷을 너
무 싼 티나는 옷일 거라고 색안경 끼지 말고 좋은 소재와 예쁜 디자인이 있으면 부담 없이 구입하기를 권
한다.

## 싼 옷만 찾지 말고, 비싸게 부르는 옷일수록 눈여겨보라

덕운상가 2층에 얼굴이 무척 곱고 멋쟁이
이신 할머니, 할아버지가 운영하던 '실크로드'라는 매장이 있었다. 재킷이나 트렌치코트가 좋아서 그곳
에서 아우터를 많이 샀는데 한번은 6만원이라는 원피스 가격에 망설이던 나를 두고 멋쟁이 할머니가 한
말씀하셨다. "사람들이 시장 와서 자꾸 싼 옷만 사려고 하는데 그런 것만 입으면 옷 태가
안나. 시장 옷과 브랜드 옷을 섞어 입는 것처럼 시장 옷 중에서도 패턴이 중요한 재킷이
나 원피스, 바지는 비싼 거 사야지. 그래야 진짜 멋쟁이다."라는 말씀이셨다. 듣고 보니 맞는
말이다. 동대문 단품은 대부분 3만원이 넘으면 비싼 옷에 속하지만 그와중에 5만원을 넘겨 부르는 옷이
있다면 그건 이유가 있다. 그래서 요즘 나는 시장에서 비싸게 부르는 옷을 그냥 지나치지 않고 눈여겨보
는 편이다.

동대문 옷일수록 소재가 중요하다. 동대문 옷은 라벨이 거의 없는 편이지만 그래도 옷을 뒤집어보면 면
100%, 모 100% 등의 라벨이 붙어 있는 것도 많다. 되도록이면 자연소재가 많이 함유된 옷을 사고 주인
한테 소재를 확인하고, 세탁법도 반드시 물어본 뒤 구입해야 사고나서 후회 없다.


## 되도록 혼자가되, 둘 이상은 피하라

동대문은 여럿이 몰려다니며 쇼핑하기 적합한 곳이 아니다. 사람
도 너무 많고 통로는 비좁아서 둘 이상이 다니기 힘들다. 나는
누가 옷을 사러 같이 가자고 부탁하지 않는 한, 남편도 없이
혼자 가는 편이다. 제대로 디스플레이도 되어 있지 않고 옷도
입어보지 못하는 곳이라 오히려 혼자가 편하기 때문이다. 누
구에게 물어보고 자시고 할 것도 없이 주머니에 두둑한 현
금을 10만원에서 20만원쯤 채우고 가면, 한 계절 너끈히 날
만큼 살 수 있다.

## 초보쇼퍼라면 패션지를 바이블로 활용하라

쇼핑 잘하는 누군가는 동대문에 가기 전에 백화점에 가서
유행하는 옷들을 보고난 뒤 동대문에 가라는 조언을 하기도 한다. 하지만 동대문 갈 시간도 없는데 웬 백
화점? 그건 시간과 노력을 두 배로 들이는 일이다. 게다가 백화점에서 옷을 살 수 없다는, 그래서 동대문
에 간다는 상대적 박탈감을 크게 느낄 수도 있다. 그리고 동대문에서 백화점에 입점된 국내브랜드 스타일
보다는 해외 명품카피나 국내에 소개되지 않은 브랜드 보세를 사는 게 더 낫다. 국내브랜드 카피를 입고
(그 브랜드의 공장에서 빼돌렸다고 주인이 귓가에 속삭이는 물건이 아닌 다음에야) '나 시장에서 옷 샀네' 라고 광고할 일
은 없다. 그래서 6천원이면 최신 트렌드를 한눈에 보여주는 라이센스 패션지를 권한다. 매달 사보지 않더
라도 봄가을에 해외컬렉션 부록이 들어 있는 달에는 사보는 게 패션감각을 업데이트하는 데 도움이 된다.
잡지를 숙독하고 나오면 시장에서 해외컬렉션에서 본 사진을 그대로 빼온 듯한 옷도 만날 수 있다. 아는
만큼 보인다는 말은 시장쇼핑에서도 놓치면 안되는 노하우다.

## 단골 되기! 괜찮은 집은 안면을 터라

　　　　　　　　　원래 동대문은 옷도 못 입어보게 하고, 좋은 물건은 단골이나 도매상인들에게 주기 위해서 저 깊숙이 숨겨놓는 경우가 많다. 만약 진짜배기 물건을 사고 싶다면 괜찮은 옷들이 많은 집에서 쇼핑을 몰아서 하는 것도 방법이다. 우선 진짜 살 옷을 골라서 망설이지 말고 비닐봉다리에 담은 뒤 그 집의 물건을 찬찬히 둘러보는 것이다. "저 옷도 예쁘네" 하는 추임새를 곁들이면 기분 나빠할 주인이 없다. 그렇게 말을 트고 두 장째 물건도 비닐봉다리에 담으면 시키지 않아도 주인이 이 옷 저 옷 권하기 시작한다. 주인이 권하는 물건들 중에 소재나 디자인 면에서 좋은 게 나올 확률이 많기 때문에 이때 주의깊게 잘 본다. 또한 여러가지를 한꺼번에 사면 잘 안 깎아주는 곳이라도 뒷자리에 남은 천원 단위는 깎아주게 되어 있다. 그 집 옷이 마음에 들어서 진짜 단골로 주인과 안면을 트고 싶다면 방법이 있다(실제로 괜찮은 옷을 보유하는 집은 다음에 가도 괜찮은 옷을 발견할 확률이 높다). 명함을 달라고 한 뒤 다음에 그 가게를 소개할 사람을 데리고 또 찾아가는 것이다. 혼자 다시 가는 것보다 손님을 끌고 가서 아는 척하면 옷을 깎거나 친해지기가 더 쉽다. 안면을 트면 좋은 옷도 빼주고, 새 옷 들어오는 날짜도 알려주고, 스커트나 바지는 입어보게 해주고, 도매가로 옷도 주고, 일명 '보리커피'도 사준다.


## 뭘 망설이나, 떨이세일은 목숨 걸고 달려들어라

　　　　　　　　　동대문의 세일은 특별히 날짜가 정해진 것은 없지만 계절이 바뀌는 시즌에는 본전보다 밑지는 떨이세일을 시작한다. 특히 설, 여름휴가, 추석을 앞두고 동대문은 꼭 한번 들러봐야 할 쇼핑플레이스. 어제 12만원하던 재킷이 오늘은 4만원에 판매되는 진정한 세일을 경험할 수 있다. 두산타워, 밀리오레를 비롯해 길 건너의 제일평화, 디자이너클럽 등 도매시장의 세일폭도 크다.

4호선 동대문운동장역 1번 출구로 나와 직진하면 액세서리 좌판을 벌이고 있는 노점상들이 보인다. 노점상을 지나쳐 지금 리모델링하고 있는 덕운상가를 지나면 제일평화가 나온다. 제일평화시장은 시장 옷 중에서도 고급스러운 옷이 가장 많은 곳이다. 사이즈 넉넉하고 스타일 좋은 옷도 판매하고 있어 엄마와 함께 쇼핑갈 때 가장 추천할 만한 곳이기도 하다.

길 건너편에 있는 두산타워나 밀리오레 등과 확연히 다른 점을 느낄 수 있는 풍경은 지하 1층에서, 한 패션하시는 40대 이상 된 사모님들이 삼삼오오 쇼핑하는 모습이다. 구김 안 가는 프라다 바지나 화사한 프린트 티셔츠, 패턴이 정교한 재킷과 블라우스 등 백화점에 내놓아도 손색없는 고급소재와 세련된 디자인의 옷이 많다. 그래서 **지하 1층**은 20대 중반 이후의 커리어우먼들이 가장 애용하는 쇼핑공간이기도 하다. 가격대는 3만~10만원선으로 다른 시장보다는 조금 비싼 편. 지하 1층의 옷 파는 곳에 끼어 있는 액세서리 숍도 유명한데, 티파니나 불가리, 까르띠에 등의 명품스타일 커플반지나 목걸이를 부담 없는 가격에 맞출 수 있다. 옷 파는 곳을 모두 돌고나면 유리문을 지나 가방과 구두 등을 판매하는 공간이 나온다. 명품스타일의 가방과 질 좋은 가죽가방, 산뜻한 패브릭가방은 물론 구두 역시 4만원에서 비싸도 10만원선이면 구입할 수 있다.

10대부터 30대까지 폭넓게 만족시키는 1~2층은 백화점 편집매장 못지않은 감각을 자랑한다. 세미정장부터 캐주얼한 티셔츠, 트레이닝웨어와 속옷까지 다양하다. 특히 이곳에서 판매하는 속옷 코너 역시 지나치지 말 것. 한장에 2~3천원 정도인 면팬티는 빨수

록 부드러워지고 와코루와 이탈리아 수입브래지어는 웬만한 브랜드 제품보다 편안하다.

나이가 더 어릴 적에는 2층보다 3층쪽 단골이었다. 캐주얼이나 힙합, 일본풍의 스트리트 보세옷을 좋아하는 사람이라면 아마도 제일평화 2층보다는 3층이 마음에 들 것이다. 리바이스, 디젤, 에비수 등 온갖 수입브랜드의 청바지가 쌓여 있고, 시중의 절반도 안되는 가격이지만 그냥 진짜려니 하고 믿고 싶어진다. 구제 느낌의 독특한 옷도 종종 구경할 수 있고, 무엇보다 막 입을 수 있는 1만원 미만의 티셔츠가 가득하다. 3층은 남자 옷을 판매하는 곳도 종종 발견할 수 있는데 아메리칸 이글, 갭, 케네스 콜 등 수입 옷이 대부분이라 사이즈가 크고 팔이 길게 나와 꼼꼼히 살펴보고 구입해야 한다.

옷 구경도 식후경이라고 생각하는 당신이라면~

오후 3시 이전에 제일평화 부근으로 왔다면 덕운상가와 제일평화 사이에 있는 죽포차를 놓치지 말자. 호박죽과 팥죽을 한 대접에 2천원, 김과 밑반찬이 두어 가지 딸려 나오는 팥밥을 2천5백원에 판매하는 포장마차가 있다. 인심도 좋아서 죽 한 그릇을 다 먹으면 더 먹으라며 다른 종류의 죽을 한국자 더 얹어준다. 팥죽이나 팥밥은 인기가 많아 오후 2시면 솔드아웃! 혼자 가도 뻘쭘하지 않게 먹을 수 있는 편안하고 정겨운 분위기도 좋다. 제일평화지하에는 비빔국수가 유명하고(단, 예약전화주문만을 받는다. 그냥 방문했다간 내리 3시간을 기다려야 함. Tel. 2237-7131) 제일평화와 덕운상가 사잇골목으로 들어가면 남평화상가 앞에 있는 만두포장마차도 별미다.

나는 요즘 제일평화도, 이태원도 제쳐두고 청평화로 쇼핑을 다닌다. 덕운시장이 문을 닫은 후 찾아낸 청평화는 동대문의 '프로'가 다닌다고 입소문난 도매시장이다. 온라인쇼핑몰 사장들도 구름같이 몰려들어 한두 장씩도 구입할 수 있는 도매시장. 막 뜨기 시작할 때의 제일평화 같은 느낌이 드는 곳이다. 15만원을 들고 가서 신발 두 켤레(자주 드나드는 인터넷쇼핑몰에서 한 켤레 5~6만원씩 팔던 것), 옷(팬츠와 원피스를 포함한) 다섯 가지를 살 정도. 다른 층은 도매라서 한두 장은 팔지 않고, 가볼 만한 곳이 지하 1층의 멀티수입존인데 품질 확실한 보세옷과 빈티지 스타일의 옷이 가득하다. 제일평화 2층이나 이태원에서 판매하는 분위기의 옷을 만날 수 있다. 도매가 물건을 떼는 시간을 피해 낮 1시에서 2시 정도에 가면 쇼핑하기 편하다.

광희시장 2층은 가죽, 퍼, 무스탕 등이 유명하다. 질 좋은 양가죽 재킷이 25만원선. 트렌디한 디자인과 컬러가 시장표 같지 않다. 모피제품 역시 탐나는 디자인이 많다. 머플러와 가볍게 입기 좋은 베스트, 쇼트 재킷 등이 눈길을 끈다. 싸게 구입하고 싶다면 시장이 제일 잘나가는 가을시즌을 피해 여름에 구입하면 훨씬 저렴하다. 매장은 다른 도매시장에 비해 구획이 깔끔하고 널찍한 편이라 쇼핑하기 편안하다. 최근에 이곳의 3층은 덕운상가에서 이전한 보세옷집이 많이 옮겨왔다고 하는데 내가 다니던 단골은 없어서 조금 실망.

마냥 내 옷이나 주구장창 사들이며 살았으면 좋으련만, 남편 생기고 부모님도 따블로 되고 나니 청평화 옆에 위치한 동평화시장도 종종 들르게 된다. 2~3층은 국내 유명브랜드 위주의 덤핑매장이 많이 있으며, 타 동대문 의류상가나 백화점이나 마트의 땡처리 상품이 이곳의 물건이라고 한다. 도매상가지만 소매도 가능한데 동평화에서 주목할 것은 진짜 저렴한 남자정장과 아이 옷. 유행을 많이 타지 않는 남자정장은 덤핑이라도 브랜드제품이기 때문에 충분히 고급스럽다. 재킷과 바지 2벌에 15만원 정도면 구입할 수 있다. 해피랜드, 파코라반, 압소바, 베비라, 꼼바이꼼 등의 아기 옷을 판매하는 매장도 동평화의 매력. 특히 2층에 무더기로 쌓아놓고 무조건 한장에 2천원, 4천원 하는 아기 옷집을 놓치지 말 것. 선물할 것이라면 곤란하겠지만 막 빨아서 내 아기에게 입힐 거라면 찾아볼 만하다.

# 02

# 두번째 패션 아지트,
# 동대문 업그레이드 이태원쇼핑

중고등학교 때부터 이태원을 드나들었다는 이태원 키드들도 있지만 내가 이태원에 입문한 것은 6호선이 생기고도 한참 뒤, 동대문에 빠삭해지고도 한참 지나고 나서다. 잡지사에 몸담고 있기도 했지만 워낙 쇼핑을 좋아해 매달 20권이 넘는 잡지들을 몽땅 섭렵하면서 누군가 어느 쇼핑장소가 좋다고 하면 적어놨다가 쫓아가보는 게 낙이었다. 잡지에 소개하는 보물창고는 보통 동대문이 많았지만 어느때부터인가 슬슬 이태원이 등장하기 시작했다. 나는 몰랐지만 동대문에 면티가 판칠 무렵부터 이태원은 파리나 밀라노 패션쇼에서 선보이던 무슨무슨 명품스타일의 '빠다' 바른 옷들이 잔뜩 깔려 있었던 것이다. 사실 시폰, 대담한 프린트와 노출 있는 디자인이 대한민국에서 자연스럽게 받아들여진 것은 아직 몇년 안된 일인 것 같다.

니렝스스커트에 화이트 면블라우스, 생단발머리의 럭셔리함이 우세하던 청담동 며느리족 시대가 지나가고 슬슬 패션이 다변화되기 시작할 무렵부터 이태원은 유행이라면 자다가도 벌떡 일어나는 나 같은 소시민에게도 어필하기 시작했던 것이다. 출근복도 정장만 고집하지 않는 시대에

저렴하고 트렌디한 이태원은 반가운 쇼핑플레이스다. 하지만 6호선 이태원역에서 내리는 순간부터, 자기네 나라인 듯 '쏼라쏼라' 대화하는 외국인과 부대껴야 한다. 그곳의 옷 역시, 가슴라인이 화끈하게 내려가 있고 다리는 롱다리인 쭉쭉빵빵 서양사람들을 위한 옷이라고 보면 된다. 예전에는 우리나라에 사는 외국인들을 위한 쇼핑장소였지만, 요즘 이태원은 다른 어느곳보다도 주목해야 할 쇼핑장소가 되었다. 헐리웃 스타가 입은 옷이 바로 다음날 인터넷쇼핑몰에 카피본이 뜨고, 매달 패션지에는 헐리웃 스타 파파라치 사진과 해외 명품컬렉션 사진이 도배되는 상황에 발맞추려면 말이다.

하여간, 이태원역에서 내리면 목적지는 단 한곳, 언더그라운드마켓이다. 가는 길에는 자

꾸 "시계나 가방 필요없어요? 언니, 좋은 거 구경하고 가요"라고 집적대는 삐끼들도 지나쳐야 한다. 아무
렴, 말대꾸 하지 말고 단호히 지나쳐야 한다. 특A급 명품가방을 사러온 게 아니라면 말이다. 실제로 진짜
A급 짝퉁가방을 사러왔다면 그냥 삐끼 따라 가는 건 소용 없고 그곳 단골의 소개로 가는 것이 가장 확실
하다고 한다(이 장사는 걸리면 끝이므로 아주 은밀한 단골장사만 하는 경우가 많다는 것). 나도 삐끼 따라 한번 가봤는
데, 진짜와 얼마나 똑같은지는 모르겠지만 루이비통 크로스백을 30만원 넘게 달라는 바람에 그냥 나오고
말았다. 루이비통이 너무 탐나서 '루띠보통'이라도 사고 싶었다지만, 아니 무슨 가짜를 그런 돈을 주고
산단 말인가. 그 돈이면 다른 가방 10개는 사겠다고 꿍얼대며 나온 뒤에는 다신 안 간다.

　이태원의 쇼핑 바운더리는 동대문보다 방대하지 않다. 6호선 이태원역에서 내려 이태원 시장방면으로
쭉 내려오거나 녹사평역에서 맥도날드 쪽으로 올라오는 방법이 있는데 그 옆에 작게 써 있는 언더그라운
드마켓(참! 노란색 팻말에 영어로 씌어져 있다. UNDERGRAOUND MARKET)으로 들어가면 된다. 동대문보다는 한
정된 공간이지만 언더그라운드 상가만 집중 공략해도 트렌디하고 질 좋은 옷을 저렴한 가격에 구입할 수
있으니 싸고, 질 좋고, 인터내셔널한 디자인에 관심 있다면 지방에 사는 사람이라도 큰맘 먹고 꼭 들러보
길 바란다. 동대문시장과 비교할 수 없는 또다른 장점! 이곳은 일요일도 영업한다는 것.

　언더그라운드마켓에서 가장 추천할 만한 것은 실크소재의 고급스러운 프린트 톱과 여성스러운 스커트,
질 좋은 트레이닝웨어와 보세 면티셔츠, 명품카피 가방이다. 헐리웃 스타들이 입고 다니는 미키마우스 캐
릭터 티셔츠부터 시절스 구두 등 톡톡 튀는 아이템도 많다. 단골들에게 가끔 풀리는 명품스타일 가방 역
시 이곳을 즐겨 찾는 이유.

 비슷한 아이템을 계속해서 사들이다보면 소재를 보는 눈이 생긴다. 옷만 척 봐도 면 백프로인지 폴리소재가 섞였지만 고급원단인지, 신축성이 있어 몸매가 예뻐 보이는지 아니면 보기는 멀쩡해 보여도 패턴이 별로라 위 팔뚝이 꽉 끼는 못 입을 물건인지 알게 된다는 말이다.

## 고수를 만나 업그레이드하라

이태원에 처음 갔을 때는 정신없이 쌓여 있는 옷무더기와 공장에서 나온 지 10년은 된 것 같은 허름한 옷들에 실망했다는 게 첫인상이었다. 또한 마음에 들 것 같은(옷이 하도 빽빽하게 걸려 있고 디스플레이된 것보다는 비닐봉지에 쌓여 있는 게 많아서 잘 보이지 않는다) 옷을 보고 싶지만 워낙 한 소심한지라, 안 사면 주인이 뭐라할까봐 보여달란 말도 못하고 물러서기가 일쑤였다. 그래서 그런지 한두 번 가고는 발길을 잘 안하게 됐지만 동대문의 경우처럼 역시 고수를 만나 즐겨 찾게 되었다. 요즘은 패션칼럼니스트이자 유명한 패션 벼룩시장 '안나의 바자'를 운영하는 것으로 널리 알려진 한영아씨에게 패션칼럼 도움말을 받으려고 만난 게 인연이었다. 주제는 '실패하지 않는 패션의 기본법칙'이었는데 그녀는 정말 패션바이블을 만들어도 될 만큼 다채롭고도 실속 있는 이야기를 잔뜩 해주었다. 샤넬과 패션전문 케이블 채널인 동아TV에서도 일했던 화려한 경력을 자랑하는 분이었지만, 무조건 비싸고 브랜드만 고집하는 게 아니라 우선 자신의 기본스타일을 찾고 거기에 고급스러운 것과 저렴한 것을 적당히 믹스매치하라는 것이 조언의 요지였다. 그러면서 추천한 쇼핑장소가 바로 동대문이 아닌 이태원!

엄마를 따라 20년 전부터 이태원을 다녔다는 그녀의 내공은 장난 아니었다. 그래서 소개받은 몇몇 숍을 이 잡듯이 뒤지면서 내게 맞는 아이템을 찾아내게 되었고 한겨울에 시폰소재 여름원피스를 사고, 한여름에 트위드코트를 사는 나의 기행이 시작되었다.

## 초짜 티내지 말고, 사이즈 먼저 알고 시작하라

우리가 흔히 알고 있는 치수는 90, 95, 100이거나 55, 66, 77이다. 하지만 이태원은 미국과 유럽 사이즈가 통용된다. 사이즈를 미리 알고 가는 것은 내게 맞는 옷을 찾는다는 뜻도 되지만 '아줌마 이거 55 있어요?'라는 물음으로 초보티를 내서 옷값을 5천원이라도 더 주는 일을 사전에 예방하기 위함이기도 하다.

미국 사이즈는 44=0, 55=2, 66=4, 77=6 정도인데 나는 '통통 55' 사이즈지만 2는 작고 4가 맞는다. 유럽은 또 다르다. 44=36, 55=38~40, 66=42~44, 77=46 정도로 보면 된다. 동대문과 이태원의 차이점이 있다면 이태원은 니트만 아니라면 대부분 입어볼 수 있다는 데 있다. 1만원짜리 재고세일 옷도 얼마든지 입어볼 수 있으니 사양 말고 실컷 입어볼 것.

| SIZE | XS | S | M | L |
|---|---|---|---|---|
| 한국 | 80=44 | 90=55 | 95=66 | 100=77 |
| 미국 | 0 | 2 | 4 | 6 |
| 유럽 | 36 | 38~40 | 42~44 | 46 |

## 이태원에 풀린 브랜드를 익히고 가면 옷 고르기 좋다

　　　　　　　　　　　　　　　　　　　이제는 웬만한 사람들도 아베크롬비나, 홀리스터, GAP 등 직수입브랜드의 이름은 알고 있을 듯하다. 이태원에서 싼 옷을 얼마나 잘 건지느냐의 묘미는 아직 우리나라에 잘 알려지지 않아서 이름값이 많이 붙지 않은 브랜드를 미리 알고 공략하는 것이다. 다이앤 본 퍼스텐버그Diane von Furstenberg, 츠모리 치사토tsumori chiato 등은 품질이나 디자인에 비해 가격이 그리 세지 않다. 비씨비지 막스지아BCBG MAXZIA는 로맨틱한 디자인과 합리적인 가격, 품질이 예뻐서 요즘 즐겨 찾는 브랜드다. 마르니Marni, 끌로에Chloe, 까샤렐Chacharel, 모스키노Moschino, 안나 수이Anna Sui, 겐조Kenzo 마크 제이콥스Marc Jacobs 는 버젓이 라벨을 달고 있지만 거의 짝퉁이라고 보면 된다. 특히 안나 수이와 마크 제이콥스, 까샤렐은 소재나 바느질도 좋지 않은 경우가 많고 너무 짝퉁 티 나서 비추. 그에 반해 나의 경험에 의하면 DKNY jeans나 앤 테일러, 바나나 리퍼블릭, 모르간, 더 리미티드 등은 거의 대부분 질 좋은 옷이 많다고 할 만하다. 우리나라에 정식매장도 없건만 유명해진 아메리칸 이글, 아베크롬비, 홀리스터, 갭 등 캐주얼한 스포티 스타일도 가득하다. 보세 남자옷도 가끔 찾을 수 있는데 랄프 로렌이나 갭은 둘째치고 휴고 보스나 폴 스미스까지 나와 있는데 보세라기보다는 그냥 카피가 맞지 싶다.

　그렇다고 너무 브랜드에 연연해하지는 말 것. 발바닥에 불나도록 이태원을 뒤진 결과, 소재와 디자인이 괜찮은 옷일수록 '아! 그렇구나' 싶은 라벨이 붙어 있는 경우가 많았던 경험에 비추어 권할 뿐이다. 마크 제이콥스 라벨을 달았지만 마크 제이콥스하고는 백만광년 떨어진 품질과 디자인인 옷도 얼마나 많았는지! 평소 같았으면 거들떠보지도 않았던 칠렐레 팔렐레한 상의를 '까샤렐' 이라는 브랜드 네임에 혹해서 사고 두고두고 후회한 적도 많았다. 결국 눈으로 보고 손으로 만진 뒤 결정하는 건 자기자신의 몫이다. 후회 역시 말이다.

## 질 좋은 면소재를 놓치지 말라

이태원을 즐겨 찾는 패션피플(패션잡지에 자주 등장하는 디자이너나 패션 홍보녀, 모델, 스타일리스트 등)이 꼽는 이태원의 강점은 바로 쭉쭉빵빵 외국모델이 입는 것 같은 화려한 스타일과 대담한 노출 디자인의 옷을 부담 없이 구입할 수 있다는 것이지만, 이태원의 또다른 강점은 가장 베이직한 기본티셔츠와 질 좋고 편안한 트레이닝웨어 등의 이지웨어가 잘 갖춰져 있다는 것이다. 아무 무늬 없는 질 좋은 화이트 티셔츠를 백화점 브랜드에서는 찾기 어렵지만 이태원에서는 단돈 8천원에 구입할 수 있다. 그것도 컬러별로 말이다.


## 여름옷은 겨울에, 겨울옷은 여름에!

앞에서 잠깐 얘기했던 것처럼 이태원의 옷은 외국에 수출하려는 옷을 현지공장에서 빼오는 보세옷인 경우가 많다. 수출하려는 옷은 입는 계절보다 한두 시즌 앞서 만드는 게 관례인 만큼, 이태원의 옷은 늘 계절을 앞선다. 한겨울에 가면 겨울코트보다는 여름에 입는 끈 달린 시폰원피스가 나와 있는 격. 그렇다고 그냥 돌아서냐구? 여름이 되면 슬슬 가을옷이 나오기 시작하니 늦어도 계절이 시작되기 2달 전에는 옷을 사러 가야 한다. 막상 제 시즌에 옷을 사러 가면 예

쁜 옷은 다 빠지고 쭉정이만 남은 꼴이니 더 독특하고 더 싼 옷을 구입하려면 발빠르게 움직여야 한다는 사실. 그런데 이태원의 계절을 앞서가는 쇼핑에는 아픔이 있다. 겨울에 겨울옷도 사 대고 여름옷도 사 쟁여놓으려니 옷값 대느라 등골이 빠지지 않겠는가? 옷을 사면서 나는 예부터 내려오는 여러가지 속담이나 격언을 뼈져리게 느끼게 되었다. '밑 빠진 독에 물 붓기' 나 '서당개 3년이면 풍월을 읊는다' '빈대 잡으려다 초가삼간 다 태운다' 등등. 하지만 백화점에서 150만원짜리 디자이너 정장 턱턱 안 사고(지춘희나 손정완, 앤디앤뎁 등을 시즌마다 2~3벌씩 샀으면 좋겠는 게 솔직한 심정이지만, 입고 갈 데도 없고… 오라는 데도 없고), 3백만원짜리 명품핸드백 리미티드에디션 사겠다고 웨이팅리스트에 이름 안 올리는 걸 위안으로 삼으며(그래도 우아하게 에르메스 버킨백 하나쯤은 장만하고 싶은 속마음) 겨울에 여름옷 사고 여름이 되면 간절기옷과 겨울옷을 미리 슬슬 사두는 동시에 여름옷은 시즌이라 싼 맛에 또 사는 악순환에 빠져 있는 것이다. 결국에 옷장 한구석에는 검정 봉다리째 남편 몰래 숨겨놓는 일도 종종 있다.

어른이 된다는 건, 여자가 된다는 건 남편이나 아이가 "이거 언제 산 옷이야?" 라고 물어보면 "응~ 옛날에 있던 건데 못봤어?" 라고 대답할 일이 생기는 것 아닐까?

## 큰 사이즈 옷도 로맨틱한 디자인이 많다

이태원의 좋은 점은 77, 88사이즈까지 커버하는(8, 10 사이즈) 큰 사이즈 옷이 많다는 것이다. 그것도 박스형의 캐주얼이나 텐트 같은 정장이 아니라 로맨틱하고 라인이 들어간 디자인으로 말이다. 44, 55 사이즈가 아니면 우리나라 브랜드에서는 명함도 내밀 수 없어서(매장에서 옷을 고르다가 매장 언니가 위아래로 쳐다보며 '그 옷 사이즈 없어요' 라고 던지는 말에 상처받았다는 사람 참 많다) 스타일이나 취향을 찾을 수 없는 것이 실정. 우리나라 브랜드는 44~55 사이즈의 숙녀복과 66~77 사이즈의 마담복으로 양극화되어 있는 상황인데다, 동대문 역시 20대를 타깃으로 나온 옷은 작은 사이즈뿐이다. 하지만 이태원에서는 하늘거리는 시폰소재에 주름이 잔뜩 잡힌 옷도 77사이즈까지는 거뜬하게 찾을 수 있다. 때로는 디자인이 예뻐서 사고 싶은데 너무 큰 사이즈만 남아 있는 경우도 있을 정도. 그래도 마음에 드는 옷이라면 싸게 달라고 해서 몸에 맞게 고쳐 입으면 된다.

## 이태원 사전에 정해진 유행이란 없다

　　　　　　　이태원에서 어떤 옷을 골라야 할지 모르겠다면 우선 인터넷 보세쇼핑몰을 둘러보라. 나 역시 이태원으로 나가기 전에 자주 들러서 눈팅(사지는 않고 눈으로만 본다)하는 고정사이트(뉴욕걸즈 www.newyorkgirls.co.kr)가 있다. 헐리웃 스타들이나 패션쇼에 나왔던 옷을 비슷한 것이라도 친절하게 찾아서 액세서리 코디네이션까지 해주기 때문에 멋을 내고 싶은 일반인이 패션감각을 익히기에 적당하다는 생각이다. 이곳에서 판매하는 것과 똑같은 옷이 이태원에서 2만원 정도 더 저렴한 가격에 팔리는 것도 많이 봤을 정도라 아무리 예뻐도 선뜻 '구매하기'에 클릭하진 않지만 말이다. 물론 인터넷사이트는 도매개념으로 예쁜 옷을 먼저 구입하기 때문에 이태원에 막상 가면 눈여겨봤던 옷이 없는 것도 많다. 하지만 적당히 트렌디한 옷을 저렴한 가격에 찾고 있다면 인터넷사이트에서 마음에 든 것과 비슷한 스타일을 열심히 찾아내어 좀더 쉽게 쇼핑할 수 있다는 말이다.

　다양한 디자인과 브랜드가 혼재되어 있는 이태원은 아무도 입지 않는, 정말 독특한 옷을 찾고 싶을 때 가장 유용한 쇼핑플레이스다. 이태원에서 쇼핑만 잘 하면 5천원짜리에도 철학이 담긴 패션을 입을 수 있다.

## 기본디자인, 아우터는 비싼 게 제값한다

　　　　　　　　　　　　　　5천원짜리 스커트와 티셔츠를 골라잡을 수 있는 이태원이지만 진짜 고급 옷도 몰래 돌고 있는 곳이 이태원이다. 자주 들르는 매장에서 코트를 고르는데 주인아저씨가 DKNY거라며 권한 적이 있다. 가격은 다른 코트보다 비싼 12만원. 의심스러운 눈초리로 "아저씨, 이거 진짜도 아니잖아요!" 했더니 아저씨, 흐흐 웃으시기만 한다. 마침 손님이 없기도 해서 아저씨를 닥달했다. "어머, 그럼 이거 진짜예요?" "허허, 뭐가 진짜고 뭐가 가짠데?"라며 아저씨가 같은 디자인의 코트를 두 개 걸어놓고 보여줬다. 만져보고 뭐가 다르냐고 물어보신다. 사실 다른 게 뭐냐고 물어보니 다른 것 같긴 한데 잘 모르겠다고 했다. 아저씨는 한쪽 것이 좋은 캐시미어로 만든 진짜 보세라고 했고, 다른 한쪽은 같은 공장에서 비슷한 원단으로 똑같이 만든 가짜보세라고 했다. 하지만 사는 사람이 눈으로 보고 만져봐도 잘 모르는 데 진짜 가짜가 무슨 의미냐는 말이었다. 무슨 소리! 이미 들었으니 나한테는 의미가 있었다. 백화점에서는 130만원이 훌쩍 넘는 DKNY 코트를 잠깐 만져보는 게 다지만, 여기서는 지금 블랙 캐시미어 피코트를 12만원에 나한테 넘기겠다는 얘기 아닌가. 콧구멍이 벌렁거리게 좋았다. 그래서 그닥 필요하지도 않았던 그 코트(나한테 겨울 코트가 15개쯤 있다는 말한 적 있나?)를 덜렁 사버리고 말았다는 사실. 기본컬러에다 가볍고 따뜻한 그 코트를 지금까지 잘 입고 있기도 하지만 진짜 DKNY 보세를 샀다는 뿌듯함에 지금까지 생각만 해도 몽실몽실 가슴이 벅차오른다. 아니 잠깐, 쓰다보니 생각났는데 혹시 나한테 코트 팔려는 신종 상술?

　그건 더이상 생각하지 않는 것이 정신건강에 좋을 것 같고, 고급 캐시미어 니트나 코트, 재킷 등 백화점에서 사기는 부담되고 오래 입을 만한 것을 사고 싶다면 동대문보다는 이태원이 낫다는 결론이다. 이태원에서 현란한 디자인도 아닌데 비싼 가격을 부르는 기본아이템이 있다면 눈여겨볼 필요가 있다.

# 03

# 만족도 200%
# 백화점쇼핑의 기술

내 아무리 이태원과 동대문에 가서 소재 좋고 디자인 멋진 명품브랜드 카피나 OEM 옷을 고르는 안목이 있다한들, 백화점 쇼윈도에 걸린 한 벌에 50만원은 훌쩍 넘는 브랜드 옷과 기본 100만원으로 시작되는 고급 옷과 액세서리에 혹하지 않을 수 있으리. 반짝반짝 빛나는 백화점 쇼윈도 사일 고개를 좌로 15도쯤 치켜 올린 도도한 자세로 경쾌한 구두소리와 함께 미끄러지듯 걸으며 반짝반짝 빛나는 아름다운 것들을 쇼핑하는 재미를 동경하지 않는 자 없을 것이다. 당신이 여자라면!

백화점에 가서 맘에 드는 옷을 척척 살 수 있을 만한 경제력과 배짱이 있다면 그렇게 해야지. 뭐하러 발 아프고 골 아프게 동대문 헤집고 다니느냔 말이지. 하지만 내겐 그럴 배짱도 돈도 없으니, 어찌한다지?

그렇다! 백화점에 들어서 있는 고급브랜드 옷과 가방들, 확실히 좋다. 하지만 거품이 많은 것도 사실이다. 브랜드와 백화점도 먹고살아야 하지 않겠나.

## 세일과 특가전을 노려라

　　　　　　내 경우 백화점은 그냥 눈 높이러 가거나(그러다가 문득 시장에서 똑같은 물건을 발견하면 횡재!) 아니면 브랜드 할인행사, 세일 때가 아니면 잘 찾지 않는 편이다. 사방에서 내리쬐는 조명을 받고 있는 백화점 거랑 시장통로 옷걸이에 걸려 있는 옷은 같은 것이라도 확 달라 보인다. 하지만 일단 백화점에서 본 것을 시장에서 다시 본다면? 얘기가 달라진다. 백화점은 아이쇼핑, 눈높이기의 장소로 생각하는 게 속편하다. '난 무조건 브랜드가 좋아' 타입이라면 얘기가 다르지만, 내 경우 백화점의 저렴한 브랜드보다는 차라리 이태원, 동대문의 '나름대로 고가' 제품이 품질도 디자인도 훨씬 낫다. 대신 백화점에 입점해 있는 유행 안 타는 고급브랜드, 디자이너 옷은 한번 사두면 확실히 제값한다. 제값 다주고 사기 힘들다면 죽자고 세일과 특가전과 매대를 뒤지는 것만이 방법이다.

SATIN

Calvin Klein Jeans

GIORGIO ARMANI

## 어제의 시즌상품이 오늘의 이월상품이 되길 기다려라

30대 중반을 조금 넘어선 나이에 온 방안 가득 옷을 무더기로 쌓아놓고 사는 한 친구가 있다. 그녀는 쇼핑을 좋아하면서도 과소비 안하고 꼬박꼬박 적금도 드는 진정한 알뜰쇼퍼인데 옷이나 액세서리 욕심이 많아 쇼핑을 즐기지만 변덕이 죽 끓듯 하는 나와 달리, 한가지 아이템을 사면 변덕 부리지 않고 오래오래 꾸준히 입고 '소장' 하는 스타일이다. 업무의 특성상 밤을 새는 일도 잦고 쇼핑하기 위해 일부러 시간 내서 동대문이나 이태원을 다닐 만한 시간도 없는 탓에 유행타지 않는 디자인의 브랜드 옷이 가득하고 오며가며 쉽게 들러볼 수 있는 백화점을 주로 찾는다.

정말 괜찮은 아이템을 생각지도 못할 만큼 저렴한 가격에 구입해서 친구들의 부러움은 물론 "그런 일 있을 땐 나한테도 전화를 해달라!"는 협박 아닌 협박을 받곤 하는 그녀의 쇼핑철칙 첫번째는 백화점 매대를 결코, 그냥 지나치지 않는 것. 백화점을 놀이터 삼아 놀러 다니면서 세일기간이나 저렴한 기획상품, 매대제품, 전시상품 할인 등을 절대 놓치지 않는다.

틈나는 대로 백화점에 가서 윈도쇼핑을 즐기기 때문에 시즌 초 쇼윈도에 당당히 전시되어 있던 고가의 제품이 어느날 문득, 매대 위에 '쭈그러져' 있는 것을 가장 먼저 알아보는 것도 그녀. 그런 제품을 건진 날 그녀의 만족감은 명품매장에서 기백만원짜리 가방을 일시불로 구입하는 사람과도 비교할 수 없을 만큼 최고치에 이른다. 물론 새로 산 아이템을 친구들에게 보여주며 "얼마짜리 같냐?"는 질문을 할 때 역시 속곳주머니에 곶감 숨겨놓은 할머니마냥 가슴이 뿌듯하다.

요즘 백화점은 장기불황에 대처하기 위해 많은 변신을 거듭하고 있다. 말하자면 예전의 백화점이 아닌 것이다. '세일이 아닐 때 사면 바보' 라는 말이 있을 만큼 백화점은 기회가 있을 때 꼬투리를 잡아 바겐세일을 하고, 어제의 시즌상품이 오늘은 이월상품이 되는 곳, 브랜드마다 특가상품과 이월상품 매대를 설치해놓고 보물찾기를 조장하는 곳, 그리하여 200% 만족스러운 할인과 세일의 미학을 추구할 수 있는 곳이 바로 백화점이다.

소유한 자에게 주어지는 그 뿌듯함은 부인할 수 없는 명품의 매력이다. 돈도 없으면서
너무 명품에 목매는 건 꼴불견이긴 하지만 원한다면 한두 개쯤 못 살 이유도 없다.
높게만 보이는 명품 가격도 싸게 사는 루트가 있으니까 말이지...

# 백화점에서 깎아서 사는 법

## 고도의 심리전, 숍마스터와 친해져라

숍마스터, 즉 한 브랜드의 매장 매니저와 친해지면 매니저의 권한으로 '남몰래(정말 짜릿한 얘기다!) 10% 정도는 더 할인받아 의류나 액세서리를 살 수 있다는 얘기는 여기저기서 많이 들어봤을 것이다. 그런데 도대체 그런 정도의 사교성과 오지랖을 가진 사람이 정말 있기는 한 것일까? 숍마스터와 친해지려면 얼마나 주구장창 그 매장을 찾아야 하며, 그만큼 돈을 쏟아부어야 하는 것은 아닐까? 특히나 소심한 사람이 인구의 99%를 차지하고 있는 이 나라, 대한민국에서 과연 숍마스터와의 친분으로 할인을 받는 사람이 있기는 한 것인지 사례가 확인되지 않은 바, 의심의 눈길을 보내는 사람들이 많을 줄로 안다.

여기 백화점 숍마스터와 안면 트고 지내며 꼬박꼬박 특별 10% 세일을 추가로 받아 챙기는 깍쟁이 같은 유부녀가 있다. 번 돈 100%를 다 써야 즉성이 풀리는 쇼핑마니아인 나와 달리 어린시절 별명 '똑순이'에 처녀시절부터 보험, 적금 꼬박꼬박 들어서 오빠 집 살 때 돈도 빌려주고, 부모님 용돈도 잘 주는 알뜰한 그녀는 바로 내 동생이다.

30대 초반, 언니보다 결혼도 일년이나 일찍해서 올해 결혼 2년차에 접어든 맞벌이 부부다. 두 사람 모두 주로 정장을 입기 때문에 품질 믿을 만하고 A/S 잘되는 백화점에서 주로 옷을 산다. 게다가 까다로운 취향을 가진 남편이 좋아하는 브랜드가 하나같이 노 세일의 캐릭터 정장인지라 알뜰살뜰 똑순이 주부는 결혼과 동시에 갑자기 두꺼워지기 시작한 안면피부와 '한푼이라도 아껴보자'는 아줌마 정신에 입각, '숍마스터와 친해지기'라는 고단수의 방법을 시도하기에 이르렀다.

스스로 터득한 방법으로 숍마스터와 안면을 익힌 동생은 지난 가을, 딱 찍어놨던 브랜드의 흔치 않은 '10% 세일' 행사를 포착했다. 남편이 마음에 들어한 재킷과 팬츠를 합한 가격은 62만원. 세일이 아니고서는 알뜰살뜰한 동생이 결코 지갑을 열지 못할 가격이다. 하지만, 동생의 남편은 이미 윤기 반지르르 흐르는 블랙 벨벳재킷에 이미 '영혼'을 빼앗긴 상태. 결국 이쯤에서 동생의 '숍마스터와 친해지기' 작

전이 빛을 발했다.

우선 기본 62만원에서 브랜드 세일 10%로 가격은 55만8천원. 동생은 이때, 백화점 카드를 살며시 건네며, 사람이 별로 없는 틈을 타(이런 센스는 인생을 사는 데 있어서 정말 필요한 부분이다!) "잘 계산해주세요~(묘한 뉘앙스.)" 혹은 솔직하게 "언니~혹시 조금만 더 할인 안될까요?" 등등의 말을 슬쩍 건넨다. 숍마스터 역시 은근 슬쩍 "네 잘 계산해볼게요~"라는 산뜻한 대답. 계산기를 두들겨 10% 추가 할인가를 제시한다.

그렇게 해서 가격은 49만6천원으로 하락.

그렇지만 여기서 간단히 물러설 그녀가 아니다.

"매니저님! 조금만 더 어떻게 안될까요?(마지막까지 조금이라도 더 싸게 사보려는 노력을 멈추지 않는다. 단, 정중하고 상냥하게)"

"어떡하죠? 아, 혹시 저희 회원카드랑 백화점카드 있으시죠? 포인트 사용하면 조금은 더 싸게 사실 수 있을 거예요. 그리고 너무 부담되시면 6개월 무이자로 해드릴게요."

그 결과 동생은 남편 마음을 온통 사로잡은 벨벳재킷과 블랙팬츠 등 총 62만원 상당의 옷을 브랜드 세일 10%, 숍마스터 할인 10%, 카드 포인트 활용 등으로 48만원, 그것도 6개월 무이자 할부에 구입하는 쇼핑의 쾌거(!)를 이룩, 주변친구들 사이에서 당당히 백화점쇼핑의 달인

으로 등극했다. 자, 그렇다면 어떻게 그녀처럼 숍마스터에게 단골손님으로 확실하게 안면을 익힐 수 있을까? 숍마스터와 안면을 익히고 고가브랜드 제품을 최대치까지 할인해 구입하는 그녀의 쇼핑 노하우는 이렇다.

**1. 백화점도 단골을 정해 한군데만 다닌다.**

**2. 당당하게 윈도쇼핑을 하며 매니저와 안면을 튼다.**

자주 드나들며 옷을 둘러보고 매니저에게 곧 다시 사러올 듯 이것저것 묻는다. 좋아하는 브랜드라면 시즌에 한번 정도 옷을 사더라도 자주 방문하면 매니저는 반드시 손님 얼굴을 기억해준다.

**3. 무이자할부를 적극활용한다.**

세일기간을 철저히 활용해야 함은 기본. 절대 세일을 하지 않는 브랜드라도 일단 5% 할인쿠폰이 있다. 여기에 매니저 재량 10%, 그리고 절대 놓치지 말 것. 백화점 자체카드 포인트와 브랜드의 멤버십카드 포인트. 보통 백화점카드의 무이자할부는 3개월이다. 그렇지만 단골고객이고 구매금액이 커지면 슬며시 숍마스터에게 6개월 무이자 할부를 요청한다. 실제로 60만원이 넘는 금액을 결재할 경우에는 재량껏 6개월 무이자할부를 해주는 경우도 많다.

# 04

# 브랜드족을 위한 속 깊은 친구,
# 패션 아울렛

약 5년 전, 계절이 여름에서 가을로 접어들던 어느날이었다. 같은 회사에 다니는 선배기자가 최근 가리봉동으로 옮긴 인쇄소에 인쇄교정을 보러갔다 와서는 길에서 돈뭉치라도 주운 사람처럼 흥분해서 사무실로 '뛰쳐' 들어왔다. 양 손에는 쇼핑백, 얼굴에는 환희에 찬 미소를 하나 가득 머금고.

"진짜 엄청난 곳을 발견했어!!!"

선배는 흥분된 목소리로 얘기하면서 누가 요구하지 않았음에도 불구하고 자발적으로 쇼핑백을 펼쳐 자신의 '포획물'을 자랑하기 시작했다.

"이 트렌치코트 얼마 같아? 이것 봐(옷을 뒤집어 브랜드 택을 보여준다), 00브랜드 건데, 균일가로 단돈 3만원이야. 그리고 이 니트는 또 어떻고……"

선배의 제보인 즉, 그 일대에는 브랜드상설할인매장이 무척 많은데 브랜드나 의류회사할인매장이 있는가 하면, 또 어떤 곳은 백화점처럼 차려놓고 수많은 패션브랜드들이 입점해서 기본 50% 세일에 완전박리로 물건을 팔고 있으며, 이런 곳이 존재하므로 앞으로 백화점에서 옷을 사는 것은 정말이지 바보

같은 행동일 뿐이라는 것이었다. 마리오아울렛이라고 하면 지금은 누구나 다 아는 할인쇼핑의 명소가 되었지만 당시는 마리오아울렛이 가리봉동에 자리를 틀고 장사한 지 한두 달밖에 안된 시기였고, 상설할인매장, 아울렛이란 알리바바의 비밀동굴처럼 아는 사람만 아는 비밀스런 쇼핑장소였다.

　물론 그런 얘기를 듣고 월급날만 다가오길 가만히 앉아 기다릴 내가 아니었다. 가격은 시장수준, 물건은 어디에 내놓아도 부끄럽지 않은 브랜드제품, 게다가 시장에서 쇼핑할 때처럼 불편하지도 않다. 이렇게 속 깊은 쇼핑장소가 존재한단 말인가. 어떤 마음씨 착한 사람이 그런 시스템을 만들어놓았는지 그 사람은 반드시 천당 갈 거라는 실없는 소리를 해대면서 다음날 당장 선배를 대동하고 그곳으로 달려갔다. 그런 별천지가 있다면 당장 가서 둘러봐야 하는 것이 진정한 쇼핑마니아의 자세가 아니던가.

SALE
TO YOU WHO KNOW TRUE VALUES
₩10,000

정말 선배의 말대로 그곳은 별천지였다.

평소에는 너무 비싸서, 세일기간에도 3개월 무이자 할부로나 가질 수 있었던 브랜드 옷과 가방들이 정가의 반도 안되는 가격에 판매되는 것을 보고 어떤 '쇼퍼홀릭' 이 흥분하지 않을 수 있단 말인가. 그렇다. 그때만 해도 나는 피끓는 20대, 정말 못 말리는 쇼핑중독자였던 것이다.

그 이후 나와 선배는 "이건 돈을 쓰는 게 아니라 버는 것."이라는 말도 안되는 자기주문을 걸면서 나이트 죽순이가 물 좋은 나이트 찾아다니듯이 그해 가을과 겨울을 지나 다음해 봄까지 줄기차게 그 일대의 아울렛을 모조리 휩쓸며 쇼핑을 해댔다. 때때로 디자인 욕심 때문에 사이즈가 큰옷을 사거나 너무 싸서 충동구매를 했다가 결국 다른 사람의 옷이 되어버린 슬픈 경우도 있지만 지금은 웬만한 세일폭에는 꿈쩍도 하지 않는 강심장과 한눈으로 쓱 훑어만 봐도 새 시즌상품과 베스트아이템이 매직아이처럼 눈에 쏙쏙 들어오는 경지에 이르렀다.

## 뭐, 잘만 고르면 따끈따끈한 신제품을 낚을 수 있다고?

브랜드상설할인매장, 아울렛Outlet Store은
쉽게 말해서 유명브랜드의 재고상품을 저렴하게 판매하는 곳이다. 그런데 이 재고상품이라는 게 정말로
이삼 년쯤 캐캐묵어 유행은 속으로 찜쪄먹은 듯 오래된 것들이냐 하면, 절대 아니다. 유행이 빨리 바뀌고
한 시즌에 수십 개의 신제품을 선보이는 패션업계의 특성상, 아울렛은 백화점에서 어제 본 제품이 세일기
간도 아닌데 30% 세일가로 팔리는 별천지다.

아울렛에서 취급하는 상품은 이월상품, 시즌아웃상품, 시제품, 전시품 등으로 분류되는 데 이월상품은
출시한 지 일년차 미만의 상품으로 지난 여름 출시된 옷이 올 여름에 팔리는 물건을 말한다. 시즌아웃상
품은 시즌이 지난 상품으로 쉽게 말해서 지금이 여름이라면 바로 직전 봄에 출시된 상품으로 역시 1년차
미만의 재고상품이다. 일년 이상 지난 재고상품은 거의 떨이로 팔리게 된다. 첨단유행 디자인은 아니어도
품질이 좋기 때문에 베이직한 것으로 잘만 고르면 완전대박이다. 시제품은 제품개발 및 기획단계에서 만
들어진 상품, 전시품은 매장이나 전시회 등에서 디스플레이 되었던 상품을 말하며 모두 정상가의
50~70%까지 저렴하게 판매한다.

여기서 집중! 그러니까 아울렛에는 신제품처럼 따끈따끈한 상품들도 있다는 말이 아닌가. 그뿐만이 아

니다. 가끔은 백화점의 인기 신제품이 약간의 하자 때문에 아울렛으로 들어오기도 하고 새 시즌을 겨냥해 만든 여러가지 신상품 중 백화점 입점에 실패한 것들이 팔리기도 한다.


## 좋아하는 브랜드의 사이클을 파악하라

특히 주목할 것은 백화점에서 세일을 잘하지 않는 캐릭터브랜드 캐주얼이다. 브랜드 이미지가 중요한 이런 브랜드는 백화점매장에서는 노세일을 내세우지만 대신 이월상품을 처리하고 자금흐름을 원활히 하기 위해 상설매장을 활용해 백화점에 비하면 헐값에 물건들을 처리한다. 보통 새 시즌이 시작되고 3주 정도 지나면 하자상품이나 매장내 비인기 제품 등이 상설할인매장으로 흘러 들어와서 상품구성이 다양해진다.

예전에는 아울렛이 백화점보다 한두 달 시즌상품을 앞서 팔곤 해서 재고쇼핑에 어려움을 겪곤 했는데 요즘은 쇼핑 편의를 위해 거의 백화점과 시즌상품을 맞춰가는 추세다. 하지만 역시 이월상품을 주로 판매하는 곳이라 브랜드에 따라 시즌을 빨리 시작하는 경우도 있으므로 좋아하는 브랜드의 물건 순환사이클을 잘 파악해두는 것이 중요하다.

아울렛이란, 보물을 발견하면 바로 질러야 하는 곳! 물건도 많고 장사가 잘되는 곳은 제품 회전도 빨라서 좋은 제품은 금방 팔려버린다. Are You Ready!

## 아울렛에선 보물을 보면 바로 질러라

그러니까 아울렛에 입성한 그해 겨울, 나와 선배는 몇십년 만에 찾아온다는 혹독한 추위에 대비해야 한다며 '모피' 코트는 살 수 없으니 어떻게 '토끼털'이라도 사볼까 하다가 경제적 여건상(쇼핑을 너무 해서) 그도 허락되지 않아서 결국은 '오리털이나 거위털'이 들어 있는 '정말 멋진 패딩코트'를 사고 싶다고 안달이 나 있었다. 그러다가 당시 김희선이 좋아하는 브랜드라고 해서 무척 인기가 높았던 모 브랜드할인매장에서 흔치 않은 디자인의 멋진 물건을 발견했는데 시즌 신제품이면서 소매 끝부분의 바느질이 비틀어져 구입 후 수선이 필요한, 말하자면 '하자상품'이었다. 물건은 단 한장. 그 옷을 본 순간부터 내 심장은 형광 핑크빛깔 하트모양으로 두근거리며 흥분을 감추지 못했으나 정상매장가보다 50% 이상 저렴한 가격이라 해도 십만원이 넘는데다가 따로 수선을 해야 한다는 부담감 때문에 고민을 좀 하고(사실 집에 가서 하룻밤 내내 고민했다) 그래도 사야겠다 싶어서 다음날 득달같이(도대체 회사를 다니긴 다닌 거냐?) 매장에 달려갔더니! 오마이갓, 이미 다른 사람이 사갔다는 것이다. 나처럼 눈치 빠른, 하지만 나보다 행동은 민첩한 어떤 인간이 오호라 쾌재라를 외치며 카드를 긁었을 생각을 하니 그 코트가 더욱 마음에 밟혀서 밤에 잠자리에 누워도 천장에 그 코트가 보일 정도였다.

아울렛이란 이런 곳이다. 보물을 발견하면 바로 질러야 하는 곳. 물건도 많고 장사가 잘되는 곳은 제품 회전도 빨라서 좋은 제품은 금방 팔려버린다. 특히 브랜드마다 시즌 신상품인데도 약간의 하자가 있는(일반인 눈에는 정상제품과 똑같아 보인다) 제품을 30% 정도 세일가격에 판매하는 데 최신디자인 제품, 그것도 딱 한 벌뿐이라 경쟁이 치열하다. 재입고될 물량이 있다면 주문하고 기다리면 되니까 상관없지만 그렇지 않으면 내 경우처럼 '복통'을 유발하게 된다. 비록 카드는 여러번 빵꾸가 났지만 지금 생각해보면 실패보다는 스스로가 자랑스러운 성공담이 더 많다. 몇년이 지난 지금까지도 경쟁률 엄청 치열한 내 옷장 한켠 차지하는 성공아이템의 공통점은 너무 유행을 타지 않는 베이직한 디자인이라는 것. 그렇다고 디자인에 개성이 전혀 없는 것은 아니다. '개성 있는 디자인'과 '유행 디자인'이 같은 뜻이 아니라는 얘기다.

## 알뜰쇼퍼라면 충동구매는 벗어나라

그렇게 즐겁고 행복한 쇼핑의 나날을 만끽하던 어느날, 카드값을 막느라 월급날에도 수중에 현금이 한푼도 남지 않는 일이 반복되자 무쇠 프라이팬으로 머리를 맞은 듯 정신이 번쩍 들었다. 아울렛이 정상매장보다 싸긴 하지만 충동구매로 사들인 옷은 꼭 필요한 것이 아니었기 때문에 한두 번 입지도 않고 옷장 속에서 잊혀져 간다는 사실을 깨달은 것이다.

아무튼, 아울렛매장을 놀이터삼아 놀던 나의 20대는 그렇게 카드빚과 함께 저물어갔다. 비싼 수업료를 치르긴 했지만 그 이후 나름대로 터득한 아울렛쇼핑 노하우와 알뜰쇼핑을 위한 수칙은 지금도 여전히 즐거운 쇼핑을 위한 '자양분' 역을 톡톡히 해내고 있다. 당신이 브랜드를 선호하나 쇼핑에 너무 큰돈을 쓰고 싶지 않은 알뜰, 자존심파 쇼퍼라면 브랜드상설할인매장이 최고의 선택이지만, 싸다고 막 사는 충동구매만큼은 엄지랑 검지를 본드로 붙여서 카드전표에 사인할 수 없게 만들어서라도 기필코 막아야만 한다.


## 고급스럽고 개성 있는 소품, 제대로 공략하기

진정한 쇼퍼홀릭은 결코 옷에만 목숨 걸지 않는다. 잘 빠진 구두와 가방만큼 여자의 마음을 설레게 하는 것이 있을까. "잘 빠진 구두는 장동건의 알몸보다 섹시하다!"고 감히 주장하고 싶다! 얼마 전, 정장에도 어울리고 적당히 캐주얼한 스타일에도 매치할 수 있는 핸드백을 사야 할 일이 있었다. 아울렛을 샅샅이 뒤져 같이 쇼핑간 남편이 거의 탈진상태에 이를 무렵, '구호KUHO' 할인매장에서 뜻밖에 내 마음에 쏙 드는 물건을 발견했다. 구호에는 아줌마 스타일

(관계자 여러분 죄송합니다)만 있는 줄 알았는데 요즘 뭔가 변했다더니 정말 그런가보다 싶을 만큼 심플한 디자인에 미디움라지 사이즈, 가죽 퀄리티도 훌륭하고 내부마감도 명품가방만큼이나 깔끔한 것이 마음에 쏙 들었다. 게다가 가격도 딱 11만원. 가방 한 개 값으로 '싸다' 고 말할 수는 없지만 품질이나 디자인 특성상 평생 가지고 다녀도 좋을 듯싶어 당장 구입했다. 정상판매가는 저 가격의 두세 배는 족히 넘을 테니까. 예상대로 그 가방은 정장에도 캐주얼에도 잘 어울려서 제몫을 톡톡히 하고 있는데, 단 한가지 아직도 생각하면 아쉬운 것은 그 가방과 함께 진열되어 있던 갈색가죽 토트백을 고민 고민하다가 결국 안 샀다는 것! 다음날 아침에도 쏜살같이 달려가 사고 싶은 걸 남편얼굴을 봐서 꾹꾹 참았는데 지금도 너무 후회가 된다. 아 정말 딱 내 스타일이었는데…….

백화점 내에서도 명품 버금가는 고가 브랜드에 속하는 타임, 마인, 미샤, 구호 같은 브랜드는 옷도 비싸지만 가방이나 구두도 만만치 않은 가격을 자랑한다. 일반 제화브랜드에서 파는 구두나 핸드백보다 좀 더 개성 있는 디자인을 원하는 이들에게 패션브랜드의 액세서리류는 침 흘리게 만드는 아이템이다. 이런 물건을 싸게 사려면 아울렛을 이용하면 좋다. 또 한가지 강력추천 아이템은 스카프나 벨트, 모자 같은 패션브랜드의 소품 컬렉션이다. 브랜드 소품 컬렉션들은 디자인과 퀄리티가 확실해서 한번 사두면 두고두고 제값 다한다.

## ★아울렛 알뜰 쇼핑수칙!★

누구도 알려주지 않는 아울렛쇼핑의 6가지 비밀 쉿, Secret…

1. 부지런한 새가 배부른 법! 물품이 입고되는 목요일 금요일 위주로 자주 매장에 들러보라

2. 재고, 하자 상품이 있으므로 원단, 바느질 상태를 꼼꼼히 살펴보라

3. 마음에 드는 상품은 바로 사라

4. 환불, 교환이 가능한지 확인하라

5. 쇼핑계획을 미리 세워 충동구매를 자제하라

6. 현금처럼 쓰는 보너스 포인트를 활용하라

# Basic item

　　시즌마다 새로운 유행이 태어나고 또 금세 사그라드는 치열한 경쟁 속에서도 꿋꿋하게 제값을 하는 패션아이템들이 있다. 사놓으면 몇년이 지나도 어디 가서 촌스럽다는 말은 듣지 않고 유행하는 아이템과 액세서리 한두 가지로 센스만 조금 더하면 가장 스타일리시한 사람이 될 수 있는 기본스타일을 말한다. 이런 아이템을 발견하면 좀 비싸더라도(대부분 비싸다) 장만해놓으면 두고두고 뿌듯할 일이 많이 생긴다.

▼ **트렌치코트** 매년 봄과 가을, 유행부담 느끼지 않고 꺼내 입을 수 있는 트렌치코트는 기본스타일과 컬러로 구입해놓으면 유용한 아이템. 봄가을에 미친 듯이 가야 하는 결혼식 참가의상으로도 만만하다.

▲ **블랙 원피스** 심플한 라인의 블랙 드레스는 점잖은 자리, 파티, 가리지 않고 입을 수 있다. 재킷이나 가디건을 걸치면 일상 룩으로도 그만. 특별한 모임, 옷장을 아무리 뒤져도 입고나갈 유행아이템이 없다면 큰맘 먹고 구입해둔 블랙 드레스에 그럴듯한 액세서리 하나면 훌륭한 외출복이 된다.

▼ **베이직 재킷이나 블랙 스커트 정장** 기본스타일 재킷을 사러 다녀본 사람은 알 것이다. 의외로 심플한 기본재킷은 정말 구하기 힘들다는 걸. 우리나라 고급정장 브랜드에서 즐겨 카피한다는 소문이 돌고 있는 조르지오 아르마니나 질 샌더의 재킷은 대를 물려 입어도 촌스럽지 않을 만큼 베이직 그 자체이다.

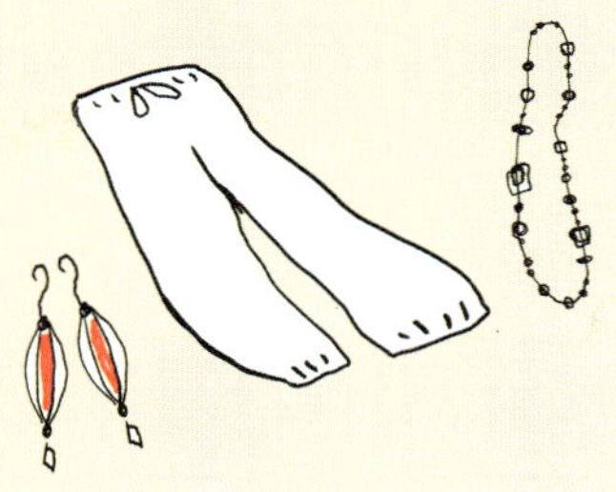

**▼ 화이트 셔츠** 질 좋은 기본 화이트 셔츠는 당신의 감각을 업그레이드시켜주는 아이템이다. 데님 팬츠(청바지)에 하나만 입어도 스타일 있어 보이지만 재킷, 원피스, 가디건 안 어디에 입어도 똑 떨어지게 어울리는 게 화이트 셔츠다. 일자로 떨어지는 것 말고 라인이 들어가서 날씬하게 실루엣을 살려주는 디자인에 고급 소재를 고르면 유행도 타지 않고 허리에 조금 살이 쪄도 날씬하게 가려준다.

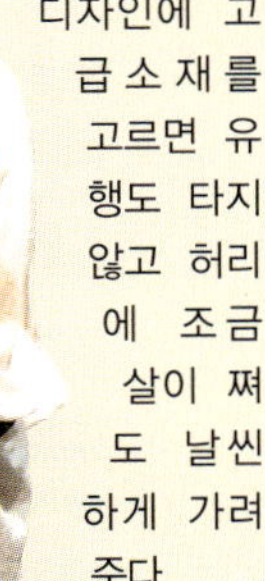

**▲ 가죽 블루종** 여성스러운 시폰 프린트 원피스, 데님에 티셔츠차림, 모두모두 어울린다. 다들 한벌씩은 가지고 있는 데님 재킷보다 훨씬 시크해 보이며, 세 배는 더 유용하다. 청바지를 자주 입는 사람이라면 더욱더. 차이나칼라의 집업스타일, 테일러드 칼라의 원버튼스타일 모두 강추다.

**▼ 컬러와 프린트가 예쁜 스카프** 스카프는 정말 고맙고도 사랑스러운 패션아이템이다. 평범한 차림에도 슬쩍 둘러주기만 하면 갑자기 스타일리시한 사람으로 변신시켜주는 마법 같은 능력을 가졌다. 가격을 막론하고 소재 좋고 컬러가 예쁜 것으로 구비해두자.

# 05

# 죽어도 가오!
# 명품족의 실속 쇼핑

**"해외여행? 나는 명품 사러 가잖아.**

쇼핑 중에서 제일 스릴 있는 건 면세점 아이쇼핑이야. 면세점에 진짜 싼 게 얼마나 많은데, 나는 뭐 사고 싶은 거 있으면 백화점이 아니라 면세점으로 가. 면세점 세일기간에 가서 싸고 괜찮은 게 있으면 한꺼번에 이것저것 산 다음에 갈 수 있는 날짜랑 항공편 대충 얘기하고 일본이나 홍콩 가는 밤도깨비 여행 신청해. 어쩔 때는 면세점에서 거저나 다름없는 80% 할인된 가격에 건지는 것도 있는 데 그렇게 사면 여행경비는 빠지고도 남거든"

한 모임에서 우연히 만난 귀티나는 그녀의 말을 듣고 머릿속으로 떠오른 말은 '으이구, 나보다 더하네 더해' 였지만, 입에서 저절로 나오는 말은 "정말? 정말? 뭐가 그렇게 싼데? 아니 그럼, 비행기 진짜루 예약 안해두 대충 둘러대고 살 수 있나? 여권을 맨날 가지구 다녀? 정말 면세점이 그렇게 싸?"였다. 숨도 안 쉬고 속사포처럼 물어보곤 조금 창피했다. 명품! 명품을 명품이라 부르지 못해서 때로 슬그머니 짝퉁이라도 살 궁리를 하고 다니는 내가 말이다. 지

루한 공무원생활에 명품쇼핑이 활력소가 된다는 그녀는 진짜 싸고 좋은 물건은 면세점에 있다는 면세점 신봉론자였다. 롯데나 신라 면세점도 자주 가지만 진짜 떡고물이 떨어지는 곳은 사람들이 그리 많이 찾지 않는 동화나 워커힐이라는 것. 특히 동화면세점의 베르사체매장에서 35만원짜리 이탈리아 수제 가죽구두를 6만원에 산 이후로는(동대문에서도 이 가격에 못 산다) 심심할 때마다 면세점 매장 구석구석을 잘 살피면서 다닌다고 한다. 신발은 명품이 왜 좋은지 몸으로 느낄 수 있는 아이템이기 때문이라나.

이 땅의 많은 젊은이를 비롯한 여러 사람들에게 해외여행은 이국의 문화와 일상을 가까이서 느끼는 색다른 경험이겠지만 일상에 지치고 스트레스가 쌓일 대로 쌓인, 혹은 쇼핑이라면 자다가도 벌떡 일어나는 어떤 여자들에게는 해외여행은 면세점쇼핑의 절호의 기회가 되곤 한다. 면세점에서는 시중가격의 30% 정도 저렴한 가격에 구입할 수 있는데, 금액이 커질수록 그 30%는 어마어마한 차이가 되기 때문이다.

## 명품, 때로는 이름값 한다

명품이라니까 막연히 동경하던 시절이 있었다. 모두들 루이비통 스피디백을 들고 다닐 때는 저거 없이 거리에 나가면 남들이 무시하며 쳐다볼 것(눈에도 안 띄는데 왜 쳐다본단 말이냐!) 같아서 어떻게 좀 살 수 없을까 예금통장을 노려보기도 했다. 하지만 언제나 내눈에 그것보다 더 예뻐 보이고 더 싼 가방이 등장하곤 했다. '그까짓 게 날고 뛰어봤자 똑같은 가죽이지(심지어 루이뷔통 모노그램은 가죽도 아니다). 뭐 별거 있어?' 하지만 나의 이런 생각은 모 백화점에서 발행하는 잡지를 만들면서 수백 벌의 명품 옷과 가방, 구두를 직접 걸쳐보고 들어본 결과 달라졌다. 특히 캐시미어 니트나 실크 프린트 등은 일반시장이나 국내브랜드와는 몸에 닿는 감촉이 하늘과 땅 차이. 물론 브랜드 택만 가리면 쥐도 안 입을 것들도 많지만 기본디자인의 고급소재 아이템은 정말 탐이 났다. 그래서 매일같이 격동기인 나의 '쇼핑 위시리스트' 에는 샤넬 퀼팅백, 루이비통 서류가방, 로에베 토트백, 에르메스 백, 조르지오 아르마니 수트, 막스마라 코트, 페레가모 정장구두 등이 상위권에서 맴돌며 내려올 생각을 안하고 있다. 때로는 이런 나의 마음이 순전히 매스미디어에 의해 조장된 허영심이 아닐까 하는 죄책감에 시달리기도 했지만(아니 사지도 않고선 웬 죄책감?) '여자 나이 30이 넘으면 명품가방은 사치가 아니고 투자입니다' 라는 글을 본 뒤(남편은 내가 지어낸 말일 거라며 들은 척도 안했지만) 앞으로는 헝겊쪼가리 가방 10개 사지 말고 명품가방 하나 사야지, 하는 마음도 슬며시 들었다.

비싼 물건을 사면 오래도록 잘 쓴다는 말이 맞는 이유는 비싼 물건이 더 견고하고 정성스레 만들어져 오래 가기도 하지만(그렇지 않은 것도 많다. 또 싼 물건이라도 지겹게도 오래가는 것도 많다) 그 물건을 쓰면서 투자한 본전생각이 나서 아껴 쓰고 또 아껴 쓰는 사람심리도 한몫을 한다고 본다.


## 글쎄, 소유한 자만이 느끼는 그 뿌듯함을 뭉갤 순 없지 않나

세일도 절대 안하는 독한 루이비통이 세상에서 제일 싸다는(실제로 우리나라 면세점보다 프랑스 매장이 10~30% 가량 더 저렴하다) 프랑스에서 어렵게 루이비통 가방을 산 P모양은 그 가방은 쓰기 전에 햇빛에 열흘정도 달군 뒤 써야 색이 예쁘다고 해서 당장 들고 뛰쳐나가고 싶은 것을 애써 참고 썬탠을 시켰고, 얼룩이 남을까봐 들고 나가기 전날 비오나 안 오나 기상예보를 열심히 챙겨봤으며, 기름기나 더러움이 묻은 손으로는 절대 만지지 않고(할 수 있으면 장갑 끼고 들고 다닐 태세였다) 애지중지했다. 주변에서는 "그 정성을 남자에게 쏟았으면 애인이라도 생기지…"라며 혀를 쯧쯧 찼으나 본인은 예쁘게 태닝(루이비통 가방에 자연스러운 갈색이 드는 것을 태닝이라고 한단다)된 가방을 보고 몹시 흐뭇해했다. 전문가도 감별이 어렵다는 3분의 1 가격의 A급 짝퉁(그래도 비싸다)을 샀다면 그렇게까지 정성을 들이지도 않고 그렇게 흐뭇해하지 않았을 것이다.

소유한 자에게 주어지는 그 뿌듯함은 부인할 수 없는 명품의 매력이다. 돈도 없으면서 너무 명품에 목매는 건 꼴불견이긴 하지만 원한다면 한두 개쯤 못 살 이유도 없다고 생각한다. 그리고 높게만 보이는 명품가격도 싸게 사는 루트가 다 있으니까 말이다

HERMÈS
VUITTON
LOUIS VUITTON
CHANEL
CHANEL

## 기본루트 면세점 얼마나 쌀까?

명품의 면세율은 품목에 따라 차이가 있지만 8～12%선이다. 따라서 면세점에서 구입할 경우 이론적으로 8～12% 저렴한 가격에 구입할 수 있다는 말. 하지만 면세점의 개별할인과 VIP카드 5～10% 할인 등의 추가할인을 고려하면 그 차이는 20～30% 선이 되기도 한다. 또 지갑이나 구두, 액세서리 등의 소품은 70%까지 염가할인이 있을 정도이므로 싸기는 싸다.

단, 노세일 브랜드도 있다는 것을 명심할 것. 루이비통, 샤넬, 에르메스 등 3～4개의 브랜드들은 정기세일도 없고 면세점에서도 할인을 하지 않는다. 프라다의 경우는 시즌오프행사만 한다. 이 도도한 브랜드들은 관광가이드나 직원할인혜택도 거의 없다고 들었다.


## 그렇다면 뭘 사야 남는 걸까?

물론 답은 가장 갖고 싶은 것, 명품 티가 나는 것부터(속물이라고? 음… 없는 돈에 쇼핑하려면 속물이어야 잘한다)라고 말하고 싶다. 1위는 뭐니 뭐니 해도 가격대가 높아서 할인액수도 큰 가방! 때로 시계나 선글라스, 구두 등을 꼽는 이도 있지만 그건 가방도 갖고 있는(브랜드별로) 사람들 얘기다. 단, 명품가방을 구입할 때 루이비통, 구찌, 샤넬 퀼팅백 등의 기본아이템을 먼저 구입하라고 권하고 싶다. 요즘 리미티드 에디션이라며 컬러와 색감과 프린트가 화려한 가방이 나오는데 비싸기도 하지만 면세점에서는 구하기도 어렵고, 두고두고 오래 쓸 생각으로 명품을 구입하는 사람에게는 그 브랜드의 가장 베이직한 스테디셀러 가방을 고르는 게 실패하지 않는 노하우. 면세점 세일기간이 겹쳐서

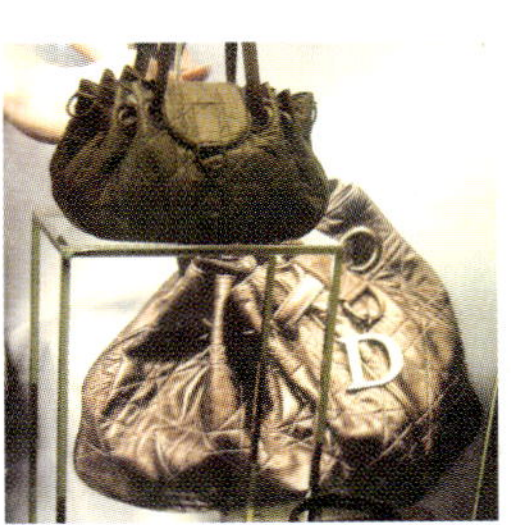

구찌나 셀린느 가방을 구입하면 30만원대(국내브랜드 가방 가격보다 많이 비싸지 않다)에 구입할 수도 있다.

특히 **면세점에서는 남자 선물로 넥타이가 최고!** 항시 매대에서 5~7만원 정도의 저렴한 가격에 균일가 세일을 하고 있으므로 제돈 주고 사는 것은 바보나 다름없다. 단, 남자친구나 남편이 세일하는 품목에 만족하지 않고 세일이 거의 없는 에르메스 넥타이 쪽을 얼씬거린다면 빨리 단념시킬 것. 처음엔 20만원대(!)의 넥타이로 시작하지만 패션소품에 대한 쇼핑욕구가 여자들보다 순수한 그들이 좋은 것에 중독되면 평생 뒷감당하기 힘든 일이 생긴다.

스와로브스키나 에뜨로, 크리스찬 디올 액세서리도 면세점쇼핑을 즐겁게 해주는 일등공신. 평소 일반 브랜드에서 구입하는 것보다 별로 비싸지 않은 10만원 내외의 가격에 흔하지 않은 명품디자인을 구입할 수 있다. 일부 신상품을 제외하고 할인폭이 거의 30~50% 정도 되므로 하나 구입하면 평생 잘 쓴다.

선글라스 역시 좋은 것 쓸수록 있어 보인다. 그 고급스런 광택(쓰읍~)과 얼굴을 착 감싸고 도는 쉐이프는 정말 만족스럽다. 특히 파격세일이나 균일가 판매를 자주 하는 아이템이므로 면세점 세일기간 중에 선글라스 특설매대가 있는지, 일별 초특가상품이 있는지 눈여겨보자.

# 시내면세점과 공항면세점

학교 다닐 때 그 흔한 배낭여행 한번 해보지 못한 내가 처음 해외여행을 간 건 회사에 입사한 이후였다. 면세점이란 외국인을 위한 거라고 막연하게 생각하고 있던 차에 시내면세점이라는 유용한 존재에 대해서 깨닫게 된 것은 첫 해외여행 이후로도 한참 후, 다른 매체의 기자들과 함께 여행사에서 보내주는 팸투어를 떠날 때였다. 비행기 출발시간 한참 전에 모이긴 했지만 단체행동이라 공항면세점에서 쇼핑할 시간이 거의 없다시피 했다. 그런데 다른 여기자들이 어디론가 사라지더니 5분 만에 큼지막한 면세점 봉투를 들고 짜잔~ 나타나는 것이었다. 평소 우리나라 면세점이 명품을 사기에는 세계에서 제일 좋다는 말을 들었던 터라 15분 내외의 짧은 시간동안 가족들 선물을 어떻게 사야 하나, 나를 위한 싸고도 좋은 가방 같은 게 뭐 없으려나 하는 고민으로 머리가 터지고 있던 터였다.

공항면세점에서 쇼핑을 할 때, 미리 브랜드와 물건을 정하지 않은 상태라면 그 시간 동안 화장품 하나 사기도 빠듯하다. 최소한 출국 3~4시간 전에 공항에 도착해야 쇼핑할 만한 시간을 얻을 수 있다. 공항에는 롯데인천공항면세점, 한국관광공사면세점, DFS서울, AK면세점 등 4곳이 운영중인데 이곳 말고도 시즌아웃된 상품들을 편집매장처럼 모아놓고 할인된 가격에 팔고 있는 곳이 군데군데 많으므로 넥타이, 스카프 같은 소품을 구입할 때는 이곳을 들르면 좋다.

그에 반해 시내면세점은 가격비교를 하면서 넉넉한 시간을 쇼핑에 투자할 수 있다. 원래는 여권을 가지고 들어가야 하지만 대부분 여권이 없어도 출입이 가능하다. 만약 한번에 어떤 물건을 살지 마음을 못 정했거나, 미처 못 산 물건이 있다면 출발 전에 다시 몇번이고 가면 된다.

### ● 면세점 VIP카드는 필수

면세점마다 입점해 있는 브랜드도 다르고, 또 같은 브랜드의 같은 물건이라도 가격이 조금씩 다른 경우가 있다. 면세점별로 할인정책이 다르기 때문이다. 어떤 면세점의 경우 판매를 위해 세일폭을 늘이기도 한다. 각 면세점별 정기세일 기간을 이용하면 이미 면세된 제품이 최고 50%까지 할인되는 경우도 있고, 각 면세점의 VIP카드를 이용해 추가 5~15% 할인받을 수 있으며 자체 면세점에서 받아둔 구매금액별 상품권이나 쿠폰을 활용하는 것도 좋은 방법이다.

### ● 품목이 정해지면 인터넷부터 노려라

인터넷 면세점의 강점은 무엇보다 저렴하다는 데 있다. 면세점의 필수코스인 화장품 강추. 시내면세점에서 할인받은 가격보다 10% 정도 저렴한데다 교통비도 안 들고 시간도 절약할 수 있다. 인터넷상에 없는 것이라도 주문하면 찾아주기도 하므로 일단 전화로 문의해볼 것. 한 자리에 앉아서 실시간 가격비교 검색이 가능하므로 구입하고 싶은 제품이 있다면 각 사이트의 가격이나 무이자할부 서비스, 사은품 등을 확인한 다음 가장 저렴한 사이트에서 물건을 구입하는 것이 좋다. 공항에서 물건을 받을 때 반드시 그 자리에서 확인해서 주문한 물건이 맞는지 확인하는 것도 필수. 그 자리에서 확인하지 않으면 물건을 다시 바꾸거나 환불받는 게 힘들기 때문이다.

일본 오사카 린쿠 프리미엄 아울렛매장
》난카이센 린쿠타운역 4번출구에서 도보로 5분거리

## 해외여행, 쇼핑으로 횡재하라

쇼핑 좋아하는 사람들은 모두들 프랑스 파리의 황홀한 세일행사에 대해서 아련한 눈빛을 하고 얘기한다. 여름에 크게 하는 파리의 세일은 구찌가방이 5~10만원쯤 하며 발리구두가 바닥에 쌓여 있어서 7만원이면 살 수 있는 지경이란다. 백화점에 사람이 미어터져서 줄서서 기다려야 하고, 한 사람당 살 수 있는 개수도 정해지는데 가장 눈에 불을 켜고 달려드는 관광객은 역시 우리나라와 일본. 우리나라는 30% 세일이라고 하면 그 가격이 세일 끝날 때까지 지속되다가 세일 후에는 제가격으로 다시 판매되는(이해할 수 없는 시스템이다)데 외국에서는 세일시간이 지날수록 할인폭이 점점 커진다. 처음에 150불이었던 게 100불이 되고 맨 마지막에는 30불의 가격표가 붙어 있게 되는 식이다.

## 명품아울렛매장을 공략하라

유럽이나 미국, 심지어 가까운 일본에서는 세일기간에 가지 못했을지라도 시내외곽에 대규모로 위치한 명품아울렛매장에 가면 상시 30~50% 정도는 할인된 가격에 구입할 수 있다. 여기서도 역시 면세혜택을 받을 수 있으니 우리나라에서 구입하는 것보다는 훨씬 더 저렴한 가격에 구입하는 것이다. 아울렛쇼핑의 치명적인 단점은 현지에 말 통하고 차가 있는 사람이 있을 때만 가능한 쇼핑이라는 것. 하지만 이박삼일의 짧은 일정이라도 그 나라의 아울렛에 하루를 꼬박 투자하는 것은 쇼핑마니아의 기본자세! 원래 가격이 저렴하기도 한데다 그곳도 우리나라 아울렛매장처럼 매대에 쌓아놓고 판매하는 떨이물건은 잘만 건지

면 정말 물건이다. 특히 이탈리아 명품브랜드들은 옷의 소재가 좋기로 유명한데 2~3년 된 이월상품이라도 기본디자인이라면 사는 게 남는 거라는 말이다. 조르지오 아르마니의 캐시미어 롱니트 가디건을 10만 원도 안되는 가격에 건질 수 있는 횡재가 존재하는 게 바로 명품아울렛매장의 매대. 특히 베이직하고 간지나는 디자인을 찾으려면 여자옷뿐 아니라 남자옷도 놓치지 말아야 한다. 미국이나 독일 브랜드는 우리나라 남자옷보다 사이즈가 좀더 크지만 유럽은 작은 남자들이 많은 편이라 아울렛매장까지 흘러온 남자옷 중에 여자들에게도 맞는 사이즈가 많다는 것을 기억하자.

### ● 해외면세점보다는 매장에서 쇼핑하라

해외에서 쇼핑할 때 면세점은 싱가폴 정도를 제외하고는 우리나라가 가장 잘 되어 있는 것 같다. 따라서 해외에 나가면 면세점에서 쇼핑한다는 생각은 버리는 게 나을 듯. 싱가폴을 제외하고는 동남아나 일본, 중국은 물론 유럽의 나라들도 면세점에는 간단한 스낵바와 화장품, 민속공예품 판매하는 곳 한두 군데가 전부인 경우가 많다. 우리나라 면세점처럼 백화점을 방불케하는 분위기와는 거리가 멀다는 얘기. 해외에서는 백화점이나 브랜드 로드숍에서 쇼핑한 뒤 면세혜택을 받는 게 가장 좋다. 해외 주요도시의 모든 상품에 대해 글로벌 리펀드라는 면세혜택이 주어진다. 텍스 프리 로고가 부착된 가맹점에서 물건을 구입하면 최고 20%까지 세금환급 서비스를 받을 수 있다. 글로벌 리펀드 전표를 챙겨두었다가 공항에서 환불받거나 지불한 카드를 통해 되돌려받는다.

## 우리나라 아울렛매장의 명품코너

요즘은 백화점뿐 아니라 아울렛매장에서도 명품을 판매하는 경우가 많다. 특히 최근에 생긴 여주 프리미엄아울렛은 다 큰 어른들을 위한 디즈니랜드나 다름없는 곳이다. 이외에도 수지의 죽전콜렉티드나 양재동 하이브랜드 등 명품을 구입할 수 있는 곳이 많다. 그 중에서 가장 자주 들러 눈요기 하는 곳이 강남뉴코아의 명품아울렛. 이곳이 매력적인 이유는 국내에 들어온 브랜드의 이월상품을 취급하는 것이 아니라 MD들이 직접 사온 제품을 판매하기 때문에 신상품도 면세점 못지않은 가격에 구입할 수 있다는 것이다. 이미 몇년이 지난 일이지만 겨울이 끝나갈 무렵 이곳에서 아르마니 무스탕코트를 20만원에 판매하는 것을 못 산 게 이 글을 쓰는 지금까지도 안타까울 뿐이다.

명품아울렛매장은 제품이 일반백화점 매장처럼 고루 갖춰져 있는 것은 아니지만 브랜드에서 꾸준히 나가는 베스트셀러 위주로 들여놓아 오히려 쇼핑하기 편리한 점도 있다. 구찌, 에트로, 페라가모, 프라다, 펜디 등 수입명품매장이 할인가로 들어서 있다. 아르마니, 휴고 등의 남성복 역시 100만원 남짓이면 구입할 수 있는 것이 매력. 이 수입명품매장은 이월제품은 50% 할인하고, 신제품도 면세점 가격에 구입할 수 있다. 이곳의 매력은 시즌별 비정기적으로 이루어지는 균일가 판매. 겐조원피스가 20만원대, 남성 겐조재킷이 15~30만원선에 나오기도 하고 막스마라코트가 60~70만원대의 말도 안되는 가격에 균일가로 나오기도 한다.

여성스러운 정장만큼은 고급브랜드를 찾게 되는 건 어쩔 수 없는 사람 심리이자 현명한 쇼핑의 룰이기도 하다. 아무리 일년에 360일 캐주얼만 입는 사람이라도 5일 정도는 결혼식과 돌잔치, 집안행사 등으로 고급정장이 필요하기 때문이다.

그래서 직장생활 초기에는 백화점 행사장에서 균일가 세일하는 손정완, 구호 등의 브랜드를 노렸지만 요즘은 초봄과 가을에 하는 청담동 디자이너거리의 균일가 행사에 올인한다. 특히 2~3월 사이에 청담사거리 근처의 디자이너거리는 80% 할인과 균일가 세일로 아는 사람만 아는 전쟁터가 된다. 청담사거리에서 우리들병원 쪽으로 올라가는 길에 죽 늘어서 있는 루비나, 오은환, 한혜자, 신장경 등의 온갖 디자이너 매장에 일년에 한두 번 당당하게 발을 들여놓는 이유. 균일가 5만원의 매력 때문이다.

　이런 디자이너 브랜드의 장점은 마담브랜드이기 때문에 사이즈 넉넉한 정장이 많고 소재가 끝내주게 좋고 피팅감이 남다르다는 것. 엄마 모시고 가면 사랑받을 것이다. 내가 가장 오랫동안 머무르는 곳은 한혜자와 신장경, 설윤형 숍. 한혜자 숍에서는 시즌이 지난 상품균일가 이외에 쇼에 선보였던 쇼복도 2~3만원에 판매하는데 44사이즈라면 놓치지 말 것. 나는 쇼에 선보였던 스카프 등의 액세서리도 절대로 놓치지 않고 구입하는 편이다. 디자이너 브랜드 특유의 맵시 있는 라인의 원피스, 정장팬츠, 내추럴탑 등은 나이 불문하고 고급스럽게 보이므로 사이즈만 맞으면 5만원에 가져오는 사람이 임자다. 또한 이 거리의 디자이너 옷은 예복에 입어도 좋을 법한 여성스러운 정장이 많은데, 라인이 예쁜 스커트는 5만원, 정장재킷은 그보다 조금 비싼 7~15만원선이다. 스커트도 예쁘지만 디자이너 옷은 재킷이나 블라우스를 입어보면 그 진가를 알게 된다.

# 06

# 시공초월 쇼핑왕국
# 인터넷 패션쇼핑

**글쎄, 반짝반짝 유혹하는 팝업광고가 마음에 불을 지르더라고**

패션에 살고 패션에 죽는, 삶 자체가 쇼핑인 에디터 K양. 누가 볼까 두려워 책 표지까지 싸서 몰래 읽었던 소피 킨셀라의 소설 『쇼퍼홀릭』에서 쇼핑으로 행복하고 결국 쇼핑으로 망가져가는 그녀의 삶에 가슴 철렁하리 만치 감정이입이 되었던 그녀. 마감기간, 연이은 철야와 야근으로 얼굴은 가뭄에 마른 땅 마냥 건조하고 장시간 앉아 원고 쓰느라 꼬리뼈에 통증을 느낄 지경이어도 쇼핑사이트에서 날아온 광고메일, 반짝반짝 유혹하는 팝업광고만 보면 코끼리만큼이나 무거운 눈꺼풀도 번쩍 뜨인다. 원고마감 중간중간 머리를 식히려 웹서핑을 하다보면 일은 뒷전이 되고 한두 시간 정도는 훌쩍 지나가버리기 일쑤. 지난밤에도 인터넷쇼핑몰을 넘나들며 물건들을 위시리스트와 쇼핑카트에 담았다 삭제하기를 반복하느라 손목터널증후군이 생길 지경이다.

## 인터넷에서 옷 살 땐, 화면발 믿지 마라

인터넷쇼핑의 즐거움에 푹 빠진 K양. 인터넷쇼핑몰이라는 신세계가 처음 우리 앞에 나타났을 때 의심과 번민으로 실행을 두려워하던 다른 이들과 달리 K양은 마음속으로 쾌재를 불렀다. 손가락 까딱까딱, 눈동자 데굴데굴 정도의 노동력만으로 우리나라는 물론 전세계 어디서나 옷이며 액세서리를 살 수 있다는 말이 아닌가!

그래, 작은 것부터 시작해보는 거야. 달에 첫발을 내디딘 지구인, 루이 암스트롱 마냥 설레고 두렵고 흥분되는 마음으로 K양이 맨처음 인터넷쇼핑몰에서 산 물건은 여름티셔츠 세 장. 1만원대 안팎의 저렴한 가격, 그럴듯한 화면발에 홀랑 넘어가 수입보세쇼핑몰에서 그때만 해도 흔치 않던 아베크롬비 홀리스터 같은 외국브랜드 OEM티셔츠를 샀다. 결과는 심한 좌절. 블랙티셔츠는 너무 꽉 끼고 더워서 입을 수가 없고, 흰색은 실제로 보니 너무 촌스러웠다. 빈티지한 느낌이 좋아 구입한 아베크롬비 긴팔티는 말 그대로 너무 빈티나고 후줄근해서 집에서 잠잘 때 함께 입고 있단다. K양은 그때서야 알았다. 인터넷에서 옷을 살 때는 화면발 믿어서는 안되고 사이즈와 원단 체크는 필수라는 것을.

우리나라 인터넷쇼핑과 역사를 함께해온 K양은 쓰라린 실패 이후에도 브랜드 짝퉁 청바지와 속옷, 트레이닝웨어, 신발과 가방을 넘어 인터넷쇼핑 고수만이 성공할 수 있다는 겨울코트와 니트의류까지 안 사본 것 없이 다 사봤다. 인터넷에서 옷을 살 때는 아무래도 직접 입고, 만져보고 살 수 없기 때문에 이것저것 따져봐야 할 것이 많다. 하지만 몇가지 규칙만 지키면 싸고 좋은 옷을 살 수 있다는 것이 그녀의 지론. 요즘도 인터넷바다에서 보물아이템을 낚느라 열 개가 넘는 익스플로러 창을 띄워놓고 가격을 비교하다 컴퓨터가 다운되어도 결코 굴하지 않으며 그렇게 찾아낸 보물 같은 쇼핑몰을 주변사람과 공유하는 낙으로 살고 있는 K양. 그녀의 인터넷쇼핑 실패하지 않는 기본원칙을 들어보자.

**★인터넷 패션쇼핑에서 실패하지 않는 원칙★**

1. 티셔츠나 이너웨어 등 실패율 낮은 아이템부터 시작하라

2. 예상가격보다 과도하게 싸면 사지 마라. 특히 소재가 중요한 니트나 시폰소재 의상은 더더욱!

3. 상세사진과 설명으로 재질, 컬러 등을 꼼꼼히 확인하라

4. 상품 구매후기를 참고하라

5. 소재선택이 성패를 좌우한다

6. 충동구매를 막기 위해 일단 카트에 넣고 한 시간쯤 후 다시 보라

## ▷▶ 쇼핑몰 특성에 맞는 공략법

요즘은 인터넷에서 패션아이템을 사는 루트가 무척 다양해졌다. 쇼핑하는 사람 좋으라고 그러는 게 아니라 의류나 액세서리 같은 패션아이템이 마진율 높고 잘 팔려서 그만큼 수지가 맞는다는 얘기다. 독립된 형태로 운영되는 쇼핑몰부터 브랜드 할인쇼핑몰, 수입대행사이트, 인터넷패션쇼핑의 붐을 일으킨 대표주자이자 요즘 가장 뜨는 초저가대형쇼핑몰까지 둘러볼 것도 살 것도 많다. 내 경우는 여름샌들이나 이너웨어로 받쳐 입기 좋은 스트링톱, 속옷, 트레이닝복, 유명 데님 브랜드 카피바지 같은 것은 대형쇼핑몰을 이용하는 편. 잘 둘러보면 고가의 수입 브랜드 정품을 시중보다 저렴한 값에 횡재할 수도 있다. 일반쇼핑몰은 잡지 등에 소개된 사이트나 친구들이 추천하는 곳 등을 들어가 보았다가 마음에 드는 곳을 북마크해두고 시간이 날 때 한번씩 쭉 둘러보며 아이쇼핑을 하고 가격비교 를 한 후 구매하는 데, 피팅사진과 상세사진을 참고해 고르면 피팅이 중요한 데님 등도 실패하지 않고 고를 수 있다. 각 쇼핑몰 MD의 감각에 따라 비슷한 듯하면서도 다른 옷을 구경하는 재미가 쏠쏠하다. 해외구매대행사이트는 고가 제품이 많아 구매는 자주 하지 않아도 광고메일이 올 때마다 들어가서 유행경향 을 파악하곤 한다. 국내에 아직 상륙하지 않은 독특한 아이템을 사는 데 사이즈 맞추기 힘든 옷보다는 신발이나 선글라스 등 소품위주로 산다. 이렇게 쇼핑몰마 다 다루는 아이템, 운영스타일이 조금씩 달라서 쇼핑몰에 따라 주의할 점 등 공 략방법이 다르다. 쇼핑몰 특성에 맞게 물건을 사다보면 어느새 내 구미에 맞는 쇼핑몰을 알게 되고 어디서 어떤 물건을 살지 가닥이 잡힌다.

## 초저가대형쇼핑몰

G마켓, 옥션, 엠플을 비롯한 초저가대형쇼핑몰에서 패션아이템을 살 때는 일단 원하는 카테고리에 들어가서 인내심을 갖고 물건을 하나하나 들여다보면 한두 페이지만 넘겨봐도 금세 어떤 물건을 사야 할지 가닥이 잡힌다. 마음에 드는 물건을 발견했어도 바로 구매하지 말고 비슷한 종류의 다른 제품은 없는지, 같은 제품인데 가격이 더 싼 판매자는 없는지, 전체적인 품질과 가격대를 꼼꼼히 살펴봐야 한다. 대부분 비슷한 물건에 가격이 조금씩 다르거나 비슷한 제품에 소재나 디테일이 살짝 다른 카피 품이 많기 때문이다. 인기 있는 제품에는 미리 구입한 고객들의 후기가 잘 작성되어 있어 참고할 수 있다. 한편 같은 판매자가 여러 쇼핑몰에서 물건을 파는 경우가 많고 다른 쇼핑몰에서 더 다양한 제품을 판다거나 사이즈나 옵션 선택이 다양한 경우가 있으므로 다른 유사 쇼핑몰에 가서 살펴봐야 한다.

내 경우 브랜드 완벽 재현을 주장하는 제품, 수입 OEM 제품을 눈여겨보는 편인데 가격은 다른 것들에 비해 조금 비싸도 클릭해보면 제품의 디자인이나 품질이 좋은 것이 많다. 고가브랜드의 OEM이나 카피가 많은 브랜드 제품(인기 높은 대중적인 수입브랜드 대부분이 해당된다)을 사고 싶을 때는 검색창에 직접 브랜드명을 치고 검색해본다. 그러나 저렴한 만큼 품질은 브랜드 제품에 비해 떨어지므로 고가아이템보다 가볍게 한 시즌 편하게 입을 것만 구입하는 게 좋다.

## 해외에서 직접 운영하는 구매대행사이트

확실히 대한민국이 쇼핑강국이긴 하다. 미국이나 캐나다로 물 건너간 센스 있는 대한의 아줌마들은 한국에 두고 간 친인척과 본인을 위해 주변의 아울렛을 뒤지기 시작했고, 그 결과 우리나라에 수입된 옷과 소품들의 가격이 얼마나 비싸게 책정됐는지를 알고 분노했다. 상시 아울렛매장이나 공장형할인매장, 시즌이 지나자마자 시작하는 빅세일에 우리나라에서는 꽤 고가에 팔리는 폴로, 게스, 버버리 등의 옷과 신발 패션액세서리 등을 저렴하게 구입해서 보내주기 시작하다가 인터넷쇼핑몰까지 운영하게 됐는데, 많은 아이템이 있는 것은 아니고 공동구매나 구매대행 형태로 아울렛매장에서 구입한 물건을 판매하고 있어 가격이 아주 저렴하다. 폴로 티셔츠나 스웨터가 3~7만원 사이. 페라가모 신발도 20만원 안쪽이고 버버리, 코치 등도 단골아이템이다. 페라가모 구두 한번 사고 싶어서 계속 노리고 있는데 자꾸 품절이라 기회를 놓치고 있는중. 이외에 게스, CK, 엠포리오 아르마니나 앤클라인 시계, 나인웨스트 구두 공동구매도 진행하니 자주 들러볼 것. 카드결재 안되고 한국에 있는 계좌에 현금 입금해야 하는 번거로움이 있다. 따라서 신용도 필수체크.

그래서 나는 위즈위드 같은 전문사이트에서는 유행의 세계화 추세에 발 맞춰 해외 톱브랜드 제품을 구경하고 개인사이트에서는 스테디셀러브랜드인 폴로 랄프로렌, 갭 같은 브랜드나 럭셔리 브랜드 기본디자인 제품을 구입하는 걸 즐긴다.

- **코튼테일** www.cottontail.co.kr 센스 있는 주인장이 선별한 잠옷부터 시계 등 패션아이템은 물론 주방용품 레녹스, 랄프로렌, 웨지우드 니코, 존스브라더스 등 플렛웨어 티팟 등 다양한 소품을 구경하는 재미!

- **USA 스페셜** www.cspecial.com 아마존 구매대행, 에스틴 아이그너, 리즈 클레이본, 코치 등 브랜드 가방 의류 등 공동구매.

- **폴로포유** www.cartflight.com 의류회사 포에버21 구매대행 전문

- **리치마미** www.richmami.com 폴로, 토미, 아이들용 폴로 갭 등 명품아울렛. 신발가방은 페라가모 코치 랄프로렌 제품 등이 10~20만원대.

- **드림랜드** www.dreamland777.com 어린이, 주니어, 어른들 위한 주로 폴로 제품이 예쁘다. 코치가방과 나인웨스트 구두 등도 눈여겨볼 것

- **앤디집** www.andyzip.com 폴로 옷은 물론 CK, 나인웨스트 등의 액세서리도 예쁘다.

- **캐미** www.camy.co.kr 쿨~한 액세서리 쇼핑몰. 나만 알아야 하는 정말 사랑스러운 곳인데. 흑흑. 언니가 부자되어도 계속 합리적 가격으로 팔아주길 바라는 마음뿐이다.

- **뉴욕걸즈** www.newyorkgirls.co.kr 이태원과 제일평화시장에 깔려 있는 물건들 중 예쁜 아이템만 쏙쏙 뽑아서 가져다놓는 곳. 구두와 액세서리 라인에 주목.

- **로얄캣** www.royalcat.co.kr 로얄캣은 오피스걸들에게 반가운 아이템과 스타일이 많다. 연예인 협찬도 할 만큼 품질이 고급스럽기로 소문난 곳.

- **트왕** www.twang.co.kr 집에서 입는 편안한 면소재의 옷이 많다. 빈티지풍의 레이어드(겹쳐입기) 룩을 즐긴다면 들러볼 것.

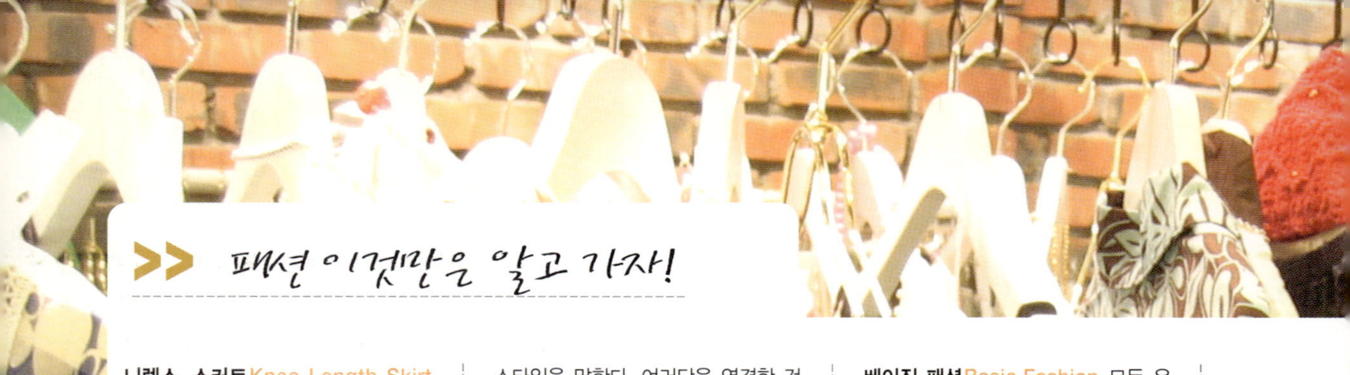



**니렝스 스커트** Knee-Length Skirt 1920년대에 이어 1940~1950년대 우아한 여성미가 강조되던 때 인기를 끌었던 스커트로 미니스커트의 발랄함을 잃지 않으면서도 얌전한 분위기를 이끄는 것이 매력. 말 그대로 무릎을 살짝 덮는 스커트를 의미한다.

**다운재킷** Down Jacket 다운이란 '오리털'을 말하며, 오리털을 넣고 누빈 퀼팅된 나일론지로 만든 방한용의 점퍼 스타일 재킷을 말한다. 원래 실용적인 의류였는데 다운베스트와 함께 타운웨어로써 젊은이들 사이에서 애용되고 있다.

**더블칼라** Double Collar 두 겹으로 된 칼라이다. 대개 흰 피케나 오건디 등으로 만들며 붙였다 떼었다 할 수 있도록 고안된 것도 있다. 드레스나 수트의 칼라와 같은 형으로 된 것을 포개어 사용한다.

**데님** Denim 청바지를 만드는 원단 즉 소재를 말하며 진jean이란 블루 데님을 뜻한다. 즉 데님 팬츠=청바지=진이라 생각하면 된다. 리바이스가 시초다.

**레이어드 룩** Layered Look 층이진 모양이란 뜻으로, 여러겹을 겹쳐 입은 스타일을 말한다. 여러단을 연결한 것도 레이어드 룩이라고 한다.

**리미티드 에디션** Limited Edition 한 정상품을 말하며 'LE' 라고도 한다. 요즘 브랜드들은 리미티드 에디션을 통해 고객의 심리를 자극하여 제품의 값어치를 높인다. 최근에는 중저가 브랜드도 리미티드 에디션을 발매하곤 한다.

**믹스매치** MixMatch 틀에 얽매이지 않고 개성에 맞춰 자유롭게 옷을 입는 것을 의미한다. '믹스 앤 매치(Mix&Match)' 라고도 부르며, 흰색 재킷에 검은색 바지, 원피스에 가죽 재킷, 정장에 운동화와 같이 예상치 못한 자연스러움을 강조한다.

**버버리** Burberry 면의 가느다란 번수인 쌍사로 치밀하게 우능으로 짜고 특수한 방수가공을 한 고급스런 면의 개버딘에 대한 영국 버버리사의 등록 상표명, 능직 체비엇의 슈팅이나 톱 코팅, 또는 오버코팅을 말하기도 한다.

**베이직 컬러** Basic Color 기본색상을 말한다. 여러가지 색상으로 배합하는 코디네이트에 있어서 전체의 색상을 결정하기 위한 기본 색상을 말하는 경우가 많다.

**베이직 패션** Basic Fashion 모든 유행 중에서 항상 근본이 되어 안정된 스타일을 보존하는 패션을 말한다.

**벨 보텀스** Bell Bottoms 1970년경부터 유행한 바지로 무릎 근처에서 밑으로 향해서 플레어가 들어간 모양이다. 실루엣이 벨(종)형인데서 붙여진 이름이다.

**보세** 수출과 수입시 관세를 부여하기 위하여 통관절차를 대기하는 동안 보관중인 창고의 물품들을 통틀어 칭한다. 의류계에서는 동대문이나 남대문 의류를 지칭하지만 사실은 다른 의미로 쓰이고 있는 것이다.

**블루종** Blouson 재킷과 점퍼가 결합된 웃옷으로 점퍼풍의 상의를 말한다. 정형화된 트렌치코트보다 훨씬 경쾌한 느낌을 주면서 팬츠나 스커트에도 잘 어울린다.

**벨벳** Velvet 벨루티가에서 발명하여 14세기부터 특이한 광택·촉감 및 외관 등으로 종교적 의복 및 귀족들의 의상이나 실내장식용으로 많이 쓰였다. 시폰 벨벳, 레이온 벨벳, 브로케이드 벨벳 등이 있다.

**빈티지 룩** Vintage Look 벼룩시장이

나 보세가게에서 고른 오래된 듯한 낡은 옷들을 크로스 코디네이트해서 입는 스타일. 원래 빈티지는 최고급 포도주인 빈티지 와인을 뜻하는 단어이다.

**빈티지 패션** Vintage Fashion 구형 제작의 패션이란 뜻으로, 앤티크 패션과 동의어.

**숍마스터** Shop Master 백화점과 같은 대형 매장의 판매와 관리를 책임지는 사람.

**시폰** Chiffon 프랑스어로 '넝마조각'이라는 의미의 '시폰'은 가볍고 얇은 견직물을 뜻한다. 봄이나 여름용으로 적합하며 여성용 블라우스나 드레스, 란제리 등에 사용된다.

**시크** Chic '스마트한, 매력있는, 멋진, 근사한' 의 뜻이다. 또한 치프 시크라는 표현도 있다.

**아우터** Outer Outwear의 줄임말로, 겉에 입는 옷을 총칭한다.

**웨이팅리스트** Waiting List 고가의 명품은 한정 판매되므로 고객들이 그 순서를 기다리기 위해 대기자 명단에 자신의 이름을 올려놓는 것을 말한다. 하지만 이름만 올린다고 연락이 오는 것은 아니다. 이때 선택받은 사람만이 혜택을 받을 수 있다는 점도 잊지 말라.

**카고팬츠** Cargo Pants 화물선 승무원의 작업복에서 유래한 것으로, 양옆에 덮개가 달린 호주머니가 달린 바지. 다리에 건빵 모양의 주머니가 달려 있어 '건빵 바지' 라고 불리기도 한다. 밀리터리룩이나 사파리룩으로 연출가능한 장점이 있다

**캐시미어** Cashmere 인도의 카슈미르 지방의 캐시미어 염소나 티베트산 염소의 연한 털을 사용하여 가늘게 짠 능직. 캐시미어 숄이라고도 한다. 촉감이 매우 부드럽고, 보온성이 크며 가볍기 때문에 오버·머플러지 등으로 사용되는 고급 방모직물이다.

**트렌치코트** Trench Coat 제1차 세계대전 당시 참호 안에서 착용한 영국군의 장교용 방우防雨외투가 그 시초다. 전체적으로 품이 넉넉하며 같은 천으로 된 벨트가 달렸고, 어깨에 덮개를 댄 것도 있다. 트렌치코트는 버버리가 대표적이다.

**트위드** Tweed 순모로 된 스코틀랜드산 홈스펀을 말하며, 평직이나 능직 혹은 삼능직으로 짠 홈스펀 종류의 천을 총칭한다. 샤넬의 트위드 재킷이 대표적이며 마른 체격에 잘 어울린다. 코

트, 슈트, 스포츠 웨어에 많이 쓰인다.

**파우치 백** Pouch Bag 파우치는 '돈주머니, 지갑' 이라는 의미이며, 즉 돈지갑처럼 여미는 쇠붙이 장식이 붙어 있는 주머니형 가방을 말한다. 입구쪽에는 잔주름이 많이 생기게 되며 여밈은 지퍼나 끈을 사용하는 것도 있다.

**패딩** Padding 체형의 결점을 보완하거나 인간의 자연 모습을 유행에 따라서 강조하기 위하여 의복에 넣는 복장 부속품.

**편집매장** Multi Shop 다수의 고급 브랜드를 특성있게 판매하는 숍. 압구정, 청담동, 명동과 같은 패션 중심지에서 벗어나 백화점 내에도 유명멀티숍이 속속 등장하고 있다. 국내 미유통 브랜드가 즐비하다는 특징이 강점.

**피코트** Pea Coat 6부 기장으로 된 선원들의 방한용 더블코트. 주로 짙은 감색의 두꺼운 천으로 만들며, 큰 단추와 슬래시 포켓이 인상적이다.

패션은 지나가도 스타일은 남는다 —코코 샤넬

# part 2

# Beauty

에센스, 아이크림, 파운데이션, 립스틱 등 감쪽같이 예뻐 보이게 하는 모든 것

>> 싼 것도 효과 있는지, 뭘 사야 좋을지? 정보의 바다에서 길 잃지 말자

화장품의 브랜드 가치는 패션과 비슷하다
여우같이 쇼핑하려면 끊임없이 샘플을 쓰고
서로의 사용후기를 공유하라

AVEDA
THE ART AND SCIENCE OF PURE
FLOWER AND PLANT ESSENCES
all sensitive
BODY FORMULA
FORMULE POUR LE CORPS
SUGAR
POLISH

# 뭐, 250만원어치 질렀다구, 화장품에~!

화장품 구입비가 일년에 250만원이라구? 그래, 그래, 솔직히 말해서, 정말 솔직히 말해서 나는 정말 대책 없는 여자였다. 미친 듯이 화장품을 사지르던(아니 거의 수집하다시피 하던) 어느날, 문득 정신을 차리고 보니 내가 화장품에 지출하는 돈이 일년에 거의 2백만원을 넘어서고 있다는 사실을 깨달았다.

그래, 더 솔직해지자. 그때야 알았다는 게 아니라 사실은 2백만원이라는 목표를 향해 일년 동안 미친 듯이 달리고 있었던 것이다.

이유는 단 하나, 당시 애용을 넘어서 맹신으로 치달아가던 브랜드인 SK-II에서 일년에 200만원 이상을 구입하면 마일리지를 차곡차곡 적립해서 30만원이 넘는 고가의 영양크림을 '공짜'로 준다는 말에 이성을 잃었기 때문이었다. 30만원 넘게 주고 코딱지만한 크림을 사느니 어차피 사 쓰는 화장품, 차곡차곡 200만원어치를 사고 거기에 덤으로 크림을 얻으면, 그야말로 현명한 소비법 아닌가? 라고 단순무식하게 생각했던 것이다.

한달에 한번쯤 잊지 않고 친절하게 날아오는 DM을 손에 들고 매장으로 달려가 친절한 언니가 들려주는 달콤한 유혹에 마음을 빼앗기고 한번에 20~30만원 정도 긁고 한아름 화장품을 들고 돌아오는 일은 그야말로 행복의 도가니탕이었다. 그 화장품들이 장진영을 능가하는 '맑고 투영한 피부'를 만들어줄 것이라는 사실에 일말의 의심도 갖지 않았다.

하지만, 돌이켜보니 일년에 200만원어치의 화장품은 절대로 필요하지도 않았고 다 쓸 수도 없는 양이었으며 그로 인해 내 피부가 장진영처럼 맑고 투영해지지도 않았다는 사실이다.

## '오마이갓' 식염수로 세수하고 트윈케이크로 분장하던 그때 그 시절

　　화장품 모델이 누구건 간에, 정말 그 화장품으로 예뻐졌다는 생각을 하는 사람은 없지 않을까? "예쁘니까 그 화장품 모델이 된 것뿐이다"라고 생각한다. 라네즈 광고하던 이나영이 아이오페 모델이 되고, 헤라와 아이오페 모델을 하던 이영애가 후의 모델이 되는 것. 고소영이 절대 쓸 것 같지 않은 저가 화장품의 모델이 되는 것처럼 말이다.

　　그렇게, 피부는 타고나는 거라고 믿는 나에게 화장품은 별로 중요하지 않은 아이템이었다.

　　화장품에 대한 생각이 어떻든 간에, 게으른 사람은 화장품의 깊은 매력과 심오한 쇼핑의 세계에 빠지기는 조금 무리가 있다. 대학교 1학년, 화장을 처음 시작했을 때(그래봤자 스킨, 로션 위에 트윈케이크를 처덕처덕 바르는 수준) 나는 기숙사생이었다. 4인 1실의 기숙사는 끝이 없는 복도를 돌아돌아 저 멀리 세면장이 있었다. 메이크업베이스나 자외선차단제도 없이(당시 자외선차단제는 한여름 피서지에서만 쓰던 아이템이었다) 트윈케이크로 뽀얀 얼굴을 만든 용감한 학생이었던 나는 종종(특히 소름끼치게 추운 겨울이면) 씻으러 가기가 싫어서 화장솜에 식염수(콘텍트렌즈를 닦는 그 식염수 말이다)를 묻혀 얼굴을 대충 문질러 씻고 잠들곤 했다. 그래, 지금 생각하면 '오 마이 갓!' 이다.

　　때로 잡지의 뷰티기사를 쓰다가 피부에 그 모든 가공할 만한 짓을 하고도(안 씻고 자고 일어나서 그 위에 다시 파우더 두드리기, 하루 종일 안 닦은 손으로 피지 짜내기 등) 아직은 인간처럼 보이는 나를 돌아보면서 화장품의 효능에 대해 생각하곤 했다. 성분을 외우기는커녕 읽기도 힘든, 하이테크놀로지에 기대고 있는 요즘 화장품은 정말 필요가 있는 것일까? 화장대를 웬만한 브랜드로 채우려면 3백만원은 있어야 할 것 같은 이런 사태가 과연 맞는 것일까? 화장품 브랜드 가격이 거품이라던데, 꼭 브랜드 화장품을 써야 할까? 피부에 화장품은 아무짝에도 쓸모없다는 염세적이고도 회의적인 생각도 세월 따라 옅어지고 서른의 문턱에 들어선 요즘, 기숙사에서 비누로 세수하던 내게 폼클렌저를 사용하라고 권하던 친구의 말이 생각난다.

"지금 돈 5천원 아낀다고 비누로 세수하지 마. 화장 안하던 시절이나 비누지. 10년 뒤에 울지 말고 웬만하면 폼클렌저 하나 사."

그때는 10년이란 세월이 여고괴담의 귀신처럼 내 앞에 성큼 나타날 줄은 꿈에도 몰랐던 것이다. 피부는 음식으로 하는 건강관리와 같아서 건강한 습관이라지. 좋을 때는 모른다더니, 피부가 탄력을 잃으면서 모공이 눈에 띄게 커지고 탱탱하던 목에 석 삼자 주름이 깊이 패일 징조를 보이자 안달복달이 시작되었다. 그리고 마음 한구석에서는 화장품으로 안되면 피부과의 갖가지 첨단 레이저와 화학약품이 나를 기다리고 있으니 걱정 말자는 속삭임이 점점 커지고 있었다.

## 스물아홉, 피부를 위한 호사를 시작하다

그렇게, 나의 20대는 참으로 처절했다.

나는 스물아홉살 때까지 아이크림이라는 게 있는 줄도 몰랐다. 사는 게 너무 팍팍해서(실은 게을러서) 스물아홉이나 될 때까지도 존슨즈베이비로션에 초록색 메이크업베이스 바르고 클렌징은 세숫비누로 '쓱싹'이었다. 그런 지경이었으니 정신적, 사회적으로는 물론이고 피부적(?)으로도 충격과 슬픔이 교차하는 격동의 시기인 '여자 나이 스물아홉'에 내 피부는 말 그대로 '황폐함' 그 자체였던 것이다. 환절기만 되면 볼과 입가에 버짐이 피어오르고 무수한 각질과 눈가의 잔주름까지. 어느날 거울 앞에 선 나는 과감한 결심을 하기에 이른다. "그래, 나도 예뻐지자. 스물아홉! 다시 일어서는 거야." 그리고 겁도 없이 백화점으로 달려갔다. 백화점에서 화장품을 사본 적도 없고 국내브랜드 빼고는 아는 수입브랜드도 별로 없는 터라 개중 낯익은 브랜드인 시세이도 매장에 가서(어디서 시세이도가 좋다는 말을 들었던 것이다) 이것저것 살펴보지도 않고 매장 직원이 권해준 23만원짜리 시세이도 리바이탈크림을 일시불로 긁었다. 짐짓 아무렇지도 않은 척하며 '백화점에서 파는 것들은 다 이렇게 비싼가보다'라는 순진무구한 생

각을 하면서 말이다. 꽤 좋은 제품이기는 했지만(그전까지 존슨즈베이비 로션만 썼으니 어떤 걸 써도 좋긴 했을 것이다) 당시의 내게는 좀 과한 제품이었던 것만은 사실이다. 어쨌든 그때의 경험을 교훈삼아 화장품도 알고 사야 한다는 생각이 퍼뜩 들어, 당시 잘나가던 프리챌의 화장품동호회에 가입해 갖가지 정보를 주워듣고, 약 2년여에 걸쳐 각종 고가브랜드 화장품을 섭렵하며 백화점 화장품 쇼핑의 세계에 빠져들었다. 그 결과 내 피부는 초절정 건조피부에서 아침에 일어나면 개기름 때문에 얼굴에 계란 후라이를 해먹어도 좋을 만큼 기름기가 좔좔 흐르는 영양과잉 지성피부가 되었다. 순진무구했던 나는 피지를 윤기로 착각하고 그게 좋은 화장품 써서 피부가 좋아지는 건 줄로만 알았다. 당연한 수순이지만 그 이후에는 늘어난 모공과 개기름을 잡기 위해 또 좋다는 피지제거 모공관리 제품을 죽자고 사다 썼다. 하지만 20~30만원대의 유명 브랜드 크림이 4~5만원대 크림의 가격차이만큼이나 드라마틱한 효과차이가 없는 것처럼, 모공관리제품 역시 죽자사자 찾아 써도 별다른 효과가 없었다. 여기서 말하고 싶은 것은, 역시 화장품은 여러가지 많이 바른다고 시너지효과를 팍팍 일으키지도, 그렇다고 그 화장품 아이템마다 제 역할을 톡톡히 해서 피부가 탄력도 회복하고 모공도 조여지고 주름도 제거되는 게 아니라는 것이다. 강조하건데 **기초화장품은 두세 가지면 충분**하고도 남는다. 지금은 클렌징에 신경 쓰고 기초제품은 스킨과 아이에센스에 보습에센스나 크림 등 두세 가지만 사용하고 있지만 그 옛날 백화점 언니가 시키는 대로 각질제거스킨에 보습스킨, 아이크림과 아이에센스, 탄력에센스, 탄력크림, 리프팅에센스, 심심하면 화이트닝 제품까지 바르던 때와 별차이도 없다.

　아직도 매장언니가 권유하는 대로 거울 앞에 앉아 기초화장품을 열댓 가지쯤 바르고 있는 그대를 위해 7년이 넘도록 뷰티기사를 썼던 노하우와 6년여의 절박한 실습으로 정리한 나름대로의 화장품 쇼핑가이드를 얘기해보려 한다.

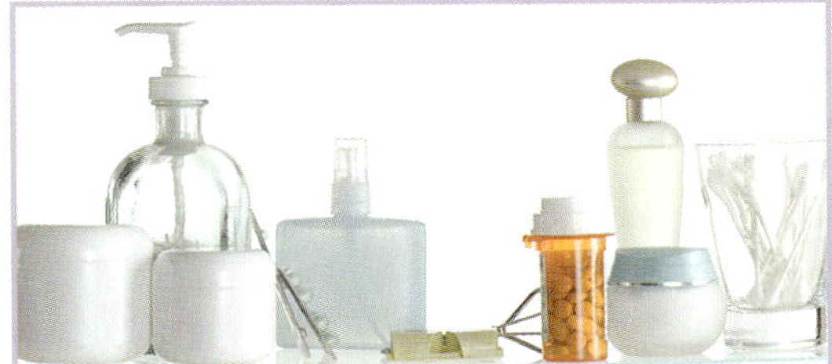

# 가격, 성능, 텍스처까지?
# 오묘한 화장품쇼핑의 기술

## 하나, 너무 많이 갖추지 마라

얼마 전에 친하게 지내는 한 코디네이터가 "OO화장품회사에는 새로 나온 신상품이 잡지에 실리면 아줌마들이 전화해서 그 라인으로 3백만원어치 챙겨서 배달해달라고 한데?"라고 말했다. 뭐시라?! 화장품 3백만원? 이게 무슨 소리냐. 알 만한 브랜드긴 하지만 어떻게 화장품을 3백만원이나?라고 놀랐던 것도 잠시.

부스터, 스킨, 로션, 수분에센스와 안티에이징에센스 두 종류, 아이크림, 아침용과 저녁용 크림 두 종류, 마스크 팩, 스크럽, 크림이나 오일 클렌저, 폼클렌저, 립&아이 전용클렌저, 아이크림, 메이크업베이스, 자외선차단제, 리퀴드 파운데이션, 가루파우더, 콤팩트파우더, 마스카라, 아이섀도우, 아이라이너, 하이라이트, 립스틱, 립글로스, 헥헥. 혹시? 그 아줌마, 돈 모자라서 다 못 채운 건 아닐까?

내가 아는 한 몇년 전만 해도 화장품세트라 하면 스킨, 로션, 크림 삼종세트였다. 에센스 떨어지면 팬티 안 입고 외출하려는 사람처럼 안절부절 못하게 된 게 언제부터였지? 해수욕장 가기 전에는 자외선차

단제를 발라본 기억도 없고 10만원이 훌쩍 넘는 랑콤 스킨스케일링 세트가 필요하니 생활비를 조금 아껴야겠다고 생각해본 적도 없었던 것 같다. 하지만 어느순간, 화장품 쇼핑이 복잡해졌고 위에 언급한 이 기백만원대의 화장품들은 아침에 집을 나서기 전에 꼭 필요한 전쟁무기나 다름없게 되었다. 뭘 하나 빼볼까 싶어서 다시 들여다봐도 화장대와 화장실 선반에 어지럽게 늘어져 있는 것들, 떨어지기 무섭게 다시 사다 놓는 것들이다. "도대체 뭘 사고 뭘 포기해야 한단 말이냐!"는 질문의 대답은 무척 심플하다. 바로 피부가 원하는 것을 바르라는 것이다. 피부가 원하는 것은 더욱 심플하다. 자외선 차단, 적당한 수분과 유분공급. 그뿐이다.

**피부결을 정돈해주는 '스킨의 힘'** 스킨의 원래용도는 수분공급의 목적도 있지만 피부결을 정돈해주는 것이 가장 큰 목적이다. 화장솜에 듬뿍 묻혀 슥슥 닦아내도 아깝지 않을 정도로 가격대비 용량이 많은 것 우선으로 선택하는 게 좋다. 에스테틱에 마사지를 받으러 가면 클렌징을 하고 난 뒤에도, 스크럽을 하고 난 뒤에도, 마사지가 끝나고 팩을 하기 전, 스팀타월을 하고 난 뒤에 곧바로 스킨을 발라준다. 그 이유는 스킨이 피부결을 정돈해주어 다음 단계의 화장품 성분을 피부가 더 잘 흡수하도록 도와주기 때문이다. 스킨을 너무 많이 써서 돈이 아까울 때는 배우 조민기의 아내이자 메이크업아티스트로 유명한 클로에의 김선진 원장과 뷰티인터뷰를 할 때 들은 노하우를 활용한다. 수분공급과 각질제거를 동시에 하는 오이가 매우 저렴한 초여름이 오면 자주 애용하는데, 오이를 박박 갈아서 밀폐용기에 넣고 그 안에 화장솜을 쑥 눌러넣은 후, 냉장고에 보관하면 끝이다. 세안 후에 오이즙이 스며든 화장솜만 한장씩 꺼내서 얼굴을 닦으면 시원하기가 이루 말할 수가 없다.

**로션을 생략하거나 에센스를 생략하거나** 요즘은 건성피부가 아니라면 로션 대신 수분에센스를 바르는 사람도 많아졌다. 하지만 많이 바르는 게 싫은 지성피부거나 바쁜 사람, 게으른 사람을 위한 all for one 로션도 강력추천. 왜냐하면 아무리 좋은 제품이라도 충분히 흡수할 만한 시간을 줘야 하는데, 화장품 하나 바르고 다음 것 바르기 위해 1~3분 정도 기다렸다가 바르기란 웬만한 정성 없이는 힘들기 때문이다.
에센스를 지칭하는 다양한 용어가 있지만 얄밉도록 작은 30ml 용기에 들어 있는 것은 거의 모두 에센스, 쉽게 풀어서 영양이 농축되어 있는 화장품이라고 생각하면 된다. '얼굴의 주름도 펴주고, 기미 잡티도 제거해주고 바르자마자 매끄럽게 만들어준다' 하니 가장 비싼 돈을 투자해야 할 아이템이긴 하지만 수분, 화이트닝, 주름개선 등의 말에 그때그때 신제품을 무조건 사는 것은 지양해야 한다. 모든 화장품은 에센스가 주장하는 수분, 영양공급 등의 기본적인 일은 하고 있기 때문. 피부에 가장 고민사항을 풀어주는 제품을 하나 골라 2개월 이상 꾸준히 발라주는 것이 가장 최선의 방법인 것 같다.

**클렌저 두 가지와 스크럽 하나는 꼭 갖춰라** 클렌저는 지용성과 수용성 두 가지를 준비하는 게 좋다. 화장품 중에 오일성분은 기름으로만 지워지는 성질이 있어서 크림클렌저나 오일클렌저를 사용해야 노폐물을 남기지 않고 깔끔하게 지울 수 있는 것들이 있기 때문이다. 많은 여성들이 고민하는 코와 그 주변의 피지(블랙헤드)는 피부에 맞는 좋은 클렌저로 꼼꼼히 세안하는 것만으로도 상당부분 없앨 수 있다. 피브에 각질이 유난히 많거나 블랙헤드, 칙칙한 안색으로 고민이라면 스크럽 제품을 열심히 써볼 것.

**자외선차단제와 메이크업베이스를 겸용하라** 초보기자 시절, 그러니까 6~7년 전에 만났던 뷰티컨설턴트 이나경씨는 피부 톤을 고르게 하는 메이크업베이스를 당장 집어치우고 자외선차단제를 발라야 한다는 사실을 입에 침이 마르도록 강조했다. 그 당시는 독보적인 초록색 메이크업베이스의 전성시대였는데 말이다. 로션에도 자외선차단 성분이 들어가는 요즘 화장품 세태를 보면, 그때 그녀의 말에 따라 자외선차단제를 열심히 발랐던 게 쫌 자랑스럽다. 자외선차단제가(의학적으로 밝혀진 바에 의하면) 노화를 막고 피부를 보호하는 가장 기초적인 단계이기 때문이다.
자외선차단제는 고기능성 화장품에 속하는데 브랜드에 따라 흡수정도와 사용감이 모두 다르기 때문에 내 피부에 맞는 건지 테스트를 해보고 바르는 것이 좋다. 남들은 다 좋다고 하는 자외선차단제라도 어떤 사람은 바르자마자 눈물이 줄줄 흘러 포기해야 하는 일도 있기 때문이다.

**뭐, 리퀴드파운데이션과 파우더가 대세라고?** 요즘은 트윈케이크만 바르는 것보다 리퀴드파운데이션을 바르고 파우더를 바르는 게 대세다. 세상의 모든 화장품은 다 써본다는 메이크업아티스트들 중 아두도 트윈케이크를 애용하지 않는다는 사실을 보면 더욱 그렇다. 그래서 메이크업아티스트들이 콩알만큼 발라라, 뺨부터 바르기 시작해라, 스펀지다 아니다 손으로 발라라 등 말이 많은 것이다. 파운데이션과 파우더는 피부색에 맞아야 하기 때문에 반드시 얼굴에(!) 발라보고 고르는 것이 좋다. 브랜드마다 커버력이 거의 없는 것부터(이런 나쁜 애들은 타고난 빛나리 피부에만 발라줘야 한다) 커버력이 짱짱한 것까지 다르므로 브랜드를 정하기 전, 인터넷에서 다른 사람들의 사용후기까지 꼼꼼하게 살핀 후 구입하는 것이 좋다.

# 둘, 브랜드와 마케팅에 속지 마라

화장품 광고에서 주름개선크림이나 화이트닝 제품을 바른 후 거울을 보고 깜짝 놀라는 그녀들. 하얗게 빛나는 피부, 잡티는 물론 모공도 보이지 않는 매끄럽고 탄력 있는 피부. 여자라면 당연히 먹던 밥숟가락을 멈추고 빨려들 듯 그녀들의 말과 표정에 집중하게 되는 화장품 광고. 정말 광고 속 그녀들의 말처럼 내 피부도 주름이 쫙 펴지고 일주일이면 눈에 띄게 잡티가 엷어지며 피부가 윤기와 탄력을 되찾게 될까?

언젠가 화장품 맹신자인 한 친구에게 그녀의 엄마가 해준 말이 생각난다. 그 친구는 화장품 중독이라 불러도 좋을 만큼 고가의 여러 화장품(시슬리, 달팡, 라프레리, SK-II 등등)을 안 써본 게 없는데, 어느날 그녀의 엄마가 이런 말을 했더란다. "애야. 좋은 화장품 쓴다고 피부 좋아지는 거면 지금쯤 니 얼굴에서는 광채가 나고 있어야 하는 거 아니냐?"

물론 100ml에 3천원짜리 스킨과 10만원도 넘는 제품이 똑같을 수는 없겠지. 하지만 3천원과 10만원의 차이를 메우는 것은 그 안에 들어 있는 100ml 화장품에 들어가는 화장수의 성분보다는, 밥 먹던 숟가락을 떨어뜨리게 만드는 여신 같은 외모의 광고모델 캐스팅비용과 방송과 인쇄매체를 아우르는 각종 광고와 마케팅비용, 백화점에서 손님과 마주앉아 발라주고 두들겨주고 침이 마르도록 설명하고 또 설명하며 샘플까지 듬뿍 챙겨주는 고객응대서비스, 화장대에 쭉~ 진열해놨을 때 뭔가 있어 보이게 만드는 화장품 용기 디자인 같은 부가적인 것이라는 점쯤은 이제 아는 사람은 다 아는 사실이다

최근에는 자연주의, 천연에 대한 관심이 높아지면서 록시땅, 아베다, 키엘, 러쉬 등 자연주의 컨셉을 내건 브랜드들이 인기가 높다. 하나같이 천연성분을 사용한 자연친화적 제품이라 주장하지만 이런 브랜드들도 사용감을 위해 갖가지 화학성분을 넣고 방부제를 첨가한다.

식물성, 자연친화 컨셉은 약간의 차이는 있을지언정 다른 화장품과 차별화를 위한 그들의 마케팅 전략이라고 생각하는 게 낫다. 화장품 쇼핑의 핵심은 브랜드와 마케팅에 흔들려 그들이 전하는 '이미지'와 '서비스'에 현혹되는 대신 '성분'과 '효과'를 따져보고 자신에게 필요한 제품을 찾는 것이다.

# 셋, 백화점에서 벗어나라

　　화장품은 평생 사용해야 하는 아이템이다. 게다가 매우 비싸고, 소모품이기도 하다. 그렇기 때문에 더 저렴하고, 더 품질이 좋고, 더 나에게 맞는 제품을 찾으려는 끊임없는 노력이 필요하다. 한 브랜드를 고집할 필요도 없고, 한군데서 구입할 필요도 없다. 기초스킨케어라면 인터넷쇼핑몰이나 약국, 저가브랜드의 제품들이 백화점보다 나을 수도 있다. 모든 게 다 갖춰져 있어서 백화점이라지만 백화점에는 외국브랜드 위주의 화장품만 들어서 있다. 화장품의 브랜드와 아이템이 각양각색인 만큼, 백화점에 입점해 있진 않지만 입점비용 등의 유통경로를 줄여서 더 괜찮은 화장품을 좀더 저렴한 가격에 판매하고 있는 아이템을 찾을 확률은 다른 곳에 더 많다는 뜻이다.

# 넷, 화장품의 브랜드 가치는 패션과 비슷하다

내가 만난 대부분의 전문가들은 "화장품의 성분은 어차피 비슷하다"고 지적한다. 화장품 경찰관이라 불리는 폴라 비가운은 그의 저서 『나 없이 절대 화장품 사러가지 마라』에서 금쪽보다 비싼 라프레리 아이크림과 세럼, 시슬리 모이스처라이저와 리프팅에센스에 대해 가혹한 평가를 해놓았다. 몇십만원을 호가하는 이 화장품들이 바셀린에 약간의 보습제를 첨가했다거나 피부에 도움이 될 것 같은 성분들은 방부제보다 함량이 적다거나, 알코올이 너무 많이 들어가서 모든 피부에 자극적이라거나, 피부에 어떠한 영향력도 미치지 못하는 그저 그런 성분들을 배합해놨을 뿐. 높은 가격표를 보면 뭔가 특별한 성분이 들어 있을 것 같지만 실제로는 아주 평범하다는 것이다.

모 화장품 브랜드의 CEO와 일본출장을 갈 일이 있었는데 그분이 "시슬리는 제품력에 비해서 가격대를 너무 높게 책정했는데 오히려 우리나라 시장에서 잘 먹히는 브랜드가 되었다"는 말을 했다. 결국 패션처럼 화장품 역시 브랜드와 마케팅이다. 키치한 디테일도 명품브랜드에서 내놓으면 세계적인 트렌드가 되는 것처럼. 제대로 된 화장품을 여우같이 쇼핑하려면 결국 소비자가 화장품에 대해서 공부하고 끊임없이 샘플을 쓰고 서로의 사용후기를 공유해서 똑똑하게 대처하는 수밖에 없다.

나의 경우 백만원짜리 고가화장품보다 에센셜오일을 좋아하는 터라 록시땅과 아베다의 아로마에센셜오일을 자주 구입한다. 목욕물에 열 방울쯤 떨어뜨리고, 족욕도 한다. 얼굴 마사지도 하고, 팔꿈치나 무릎에도 발라준다. 피곤할 때 목 뒤에 발라주면 피로가 풀린다. 게다가 라벤다에센셜오일은 요리하다 뎄을 때 바르면 화끈거림이 금세 수그러드는 고마운 아이템이다. 크림이나 로션에 두세 방울 섞어 팩을 하거나 마사지를 해도 좋다.

## 다섯, 인터넷동호회를 적극 활용하라

　새로운 화장품을 구입할 예정이거나 어떤 화장품을 사는 게 좋을지 모르겠다면 백화점이나 화장품 전문점으로 나서기 전에 인터넷 화장품동호회에 들러본다. 인터넷 화장품동호회는 화장품을 판매하는 특정브랜드에서 운영하는 것이 아니기 때문에 좀더 공정하고 다양한 사용후기를 얻을 수 있다. 때론 저렴한 공동구매도 진행하곤 하니 자주 들러 정보도 얻고 화장품을 저렴하게 구입할 수 있는 찬스도 놓치지 말 것.

　인터넷 화장품동호회의 가장 좋은 점은 좋다고 입소문난 제품이라도 피부타입과 개개인의 케이스에 따라 각기 다른 효과가 나타난다는 사실을 간접 체험할 수 있다는 것이다. 특히 마트에서 판매하는 브랜드나 1만원 미만의 저가화장품 중에서 좋다고 추천이 많은 아이템은 눈여겨보도록. 어디에서도 얻을 수 없는 귀중한 정보이기 때문이다. 물론 동호회에 너무 몰두하다보면 듣도 보도 못했던 각종 화장품 브랜드와 신기한 아이템들 때문에 지름신이 강림할지도 모른다.

# 믿고 사는 브랜드 화장품의 보고 백화점

백화점에서 판매하는 화장품은 워낙 고가제품이 많고 매장 언니들의 상술이 훌륭해서 웬만큼 심지가 굳지 않고는 화장품 때문에 자칫 신용불량자가 될 수도 있다. 따라서 어느곳보다 '굳은 심지'가 필요한 쇼핑장소이다. 반면 저렴하고 알차게 구성된 기획세트, 말만 잘하면 한살림 차리게 되는 샘플의 홍수, 그리고 다른 곳에 비해 사후관리나 반품이 잘된다는 점은 백화점 화장품 쇼핑의 큰 매력이다. 특히 화장품이 피부에 맞지 않을 때 반품과 환불이 쉽기 때문에 피부가 민감한 사람이라면 서비스가 좋은 백화점에서 화장품을 사는 것이 좋다. 색조 화장품도 마찬가지. 자신에게 어울리는지 직접 발라볼 수 있고 몇몇 색조 전문브랜드에서는 메이크업 교육을 받은 직원들이 하나부터 차근차근 메이크업을 해주면서 어울리는 컬러나 제품을 권해주므로 메이크업 초보자나 제품선택에 어려움을 겪는 사람에게는 큰 도움이 된다.

**백화점에서는 기획세트를 노려라** 백화점에서 제값 다주고 화장품을 사면 웬일인지 손해 보는 느낌이 든다. 백화점 화장품은 세일을 안하는 대신 기획세트를 판매한다. 때에 따라서는 아이크림 하나만 사도 토너부터 로션, 아이크림, 클렌저, 마스크까지 풀 세트를 파우치에 떡 하니 담아주고 메이크업 제품류는 1+1 행사 같은 것도 하니 이럴 때 장만해두면 그 브랜드의 다양한 제품을 실속 있게 써볼 수 있다.

**회원카드 발급받아 VIP 대접 받기** 백화점에서 화장품을 구매하는 사람들 대부분은 결국 자신에게 가장 잘 맞는다고 생각하는 한두 가지 브랜드에 정착하게 되는데 그럴 때는 각 브랜드의 회원으로 가입해두면 좋다. 마일리지 적립으로 혜택을 받을 수도 있고 피부타입 측정이나 신제품 론칭 등 각종행사나 초대받을 수도 있다. 마일리지 적립이 별것 아닌 것 같지만 이 역시 무시못할 부분이다. 화장품 하나만 해도 몇만원은 기본이라 목적하는 포인트는 금방 쌓이기 마련이고 포인트 적립으로 고가의 제품이나 평소 갖고 싶었던 제품을 사은품으로 받을 수도 있다. 남들이 'SK-II는 너무 비싸기만 하고 냄새도 이상하며 효과도 하나도 없다'고 혹평하던 SK-II 초기시절 나 혼자 잘났다고 SK-II에 올인하던 때가 있었다. 첫 구매부터 회원가입을 해둔 덕분에 마일리지가 꽤 쌓여서 피부타입 측정이나 론칭행사에 초대받기도 하고, 행사 때마다 DM으로 쿠폰을 받아 한 개에 1만원도 넘는 시트마스크를 사은품으로 증정받곤 했다(부끄럽지만 연간구입액 200만원을 채워서 결국 30g 용량에 34만원이나 하는 크림까지 받았다).

# 30% 싸게 사는 인터넷쇼핑몰

염장성 발언일 수도 있지만 뷰티칼럼을 진행하는 기자들은 화장품을 사서 쓸 일이 거의 없다. 각종 브랜드들은 화장품 신제품이 나오면 퀵서비스로 친절하게 보내주거나 신제품 론칭행사장으로 초대하여 밥도 주고 새로 나온 화장품도 왕창 준다. 그게 바로 식염수로 고양이 세수하고 마트에서 '식물나라' 사서 쓰던 내가 '랑콤, 에스티로더, 샤넬, 시슬리'의 세계로 점프한 이유다. 구슬도 꿰어야 보배라고, 보내준 화장품은 잘 쓰지도 않고 친구나 엄마에게 줘버렸지만 말이다.

나 대신 화장품 테스터가 되어버린 엄마는 어떤 명품화장품을 들이밀어도 좋다는 말에 인색했지만 한국화장품의 '산심'을 세트로 써본 뒤 다시 쓰고 싶다고 나를 졸랐다. 헉, 기초세트 몇개만 갖추면 백만원을 육박하는 가격이라 "안들려 ~안들려~ 아아아~" 해버리고 말았다.

하지만 나로 말하자면, 안타깝고 슬프게도 값비싼 화장품으로 인해 피부가 몰라보게 좋아지거나 기미 주근깨가 옅어지거나 하는 일은 별로 없었다는 사실이다. 엄청난 야근과 스트레스가 화장품을 이긴 것일까? 내 피부는 지금도, 그저 천천히 꿋꿋하게 노화되어가고 있다. 1백만원이 넘는다는 코스메데꼬르떼의 기적의 크림을(비록 2주 정도 쓸 수 있는 샘플이었지만) 바르고도 내 피부는 끄떡없었다. 초지일관이 정도를 넘어섰다고나 할까. 기본적인 스킨케어 제품으로 피부가 개선되기를 기대하는 것보다는 피부에 자극을 주지 않는 각질제거제, 마사지와 팩 제품, 스팟 화장품이 오히려 낫다는 게 나의 결론이다. 피부가 반

응을 보인 것은 스킨케어보다 오히려 보디&헤어 제품이나 메이크업 제품이었다. 필요한 것보다 넘치는 화장품이 공짜로 제공되니 화장품 쇼핑에 아무런 즐거움도 느끼지 못하고, 그와중에 인터넷쇼핑몰이 나타났다.

인터넷쇼핑몰은 화장품을 저렴하게 판매한다는 것도 있지만 무엇보다 우리나라에는 론칭하지 않은, 듣도 보도 못한 화장품을 구경할 수 있는 통로가 되어주었다. 백화점이나 로드숍에 있는 브랜드의 같은 제품이라도 가격이 어찌나 착한지 뿌듯하기가 이루 말할 수 없다. 다만 많은 사람들이 이용하는 믿을 만한 사이트를 이용해야 하는 것. 또 최저가만 들어가 볼 것이 아니라 두번째, 세번째 가격 링크도 들어가 봐서 쿠폰이나 카드, 적립금, 공동구매 등으로 더 저렴하게 구입할 수 있는지 알아본다.

각종 샘플화장품, 정품 하나 더 이벤트, 서비스 차원에서 짧은 기간 동안 한두 개의 브랜드를 깜짝세일하거나 인기 있는 제품을 공동구매해 저렴한 가격에 구입할 수 있는 기회가 종종 있다. 이런 기회를 잘 활용하는 것도 노하우. 또한 인터넷쇼핑몰에서 구입할 수 있는 독특한 화장품들은 이름은 물론 사용효과까지 재기 넘치는 것들이 많아서 클릭해서 장바구니에 담고 나서도 머리 싸매고 고민하게 만드는, 쇼핑의 즐거움을 부여한다.

## 입소문으로 장사하는 미유통 브랜드

미국, 프랑스, 일본 등 해외 유명인들이 사용하는 일명 연예인 화장품을 인기 브랜드만 골라 소개한다. 또는 독일과 호주, 스위스 등의 100% 천연유기농 성분을 내세운 화장품도 인기다. 특히 유기농화장품은 잘 골라야 하는데, 유기농화장품이라고 선전하는 것들 중 한두 개 성분만(전체 함유량의 0.2% 정도?) 유기농인 것도 있으니 상품설명서를 꼼꼼하게 읽을 것. 따라서 유기농 인증마크를 까다롭게 붙이는 독일과 호주의 유기농화장품이 개중 낫다고. 우리나라는 물론 유럽의 화장품 전문가들이 인정하는 '쥴리크Jourlique' '두미Doux me' 정도가 비싼 값 주고 사도 억울하지 않은 유기농화장품이란다.

호들갑스러운 상품평은 때론 200개가 넘어가기도 하는데, 입소문난 제품들은 품절과 재입고를 거듭해 사려는 사람의 애간장을 녹인다(상태가 안 좋은 쇼퍼홀릭은 품절된 상품을 더 탐내는 나쁜 버릇이 있다). 하지만 화장품의 효과를 숨넘어갈 것처럼 칭찬하고 있는 인터넷의 수많은 리플들은 일정부분 아르바이트를 고용한 것이라는(쿨럭 ──) 소문이 무성하다. 또한 인터넷사이트의 명성, 현지에선 별로일 수 있다. 온라인에서만 판매되는 외국브랜드의 경우, 그 나라에서 이름난 화장품이라는 과대선전에 현혹되지 말 것. 브랜드의 퀼리티를 과장하는 말에 그대로 넘어가지 않기 위해서는 해외사이트나 친구, 친척 등을 통해 제품의 원가와 인지도를 확인해봐야 한다.

## 옥션, 지마켓, 엠플 등의 저렴한 마켓플레이스

요즘 브랜드는 물론 방문판매 화장품이 최고로 저렴하다는 입소문 덕에 떠오르는 화장품 쇼핑장소. 백화점 못지않은 다양한 화장품 브랜드는 물론 방문판매 화장품까지 구입할 수 있다. 어디서 화장품을 떼어오는지, 전국적으로 인기를 얻고 있는 이 거대한 블랙마켓은 면세점에서도 11만원에 구입했던 SK-II 화이트닝소스에센스가 5만원대에 판매되고 있는 곳이다.

온라인 화장품 중에서 가장 구매율이 높은 것이 바로 기초스킨케어 분야. 그 다음이 자외선차단제나 트윈케이크 같은 제품들이다. 판매하는 아이템은 동네 화장품판매점에서 살 수 있는 국내브랜드들, 백화점에서 판매하는 외국수입브랜드, 방문판매제품, 심지어 샘플까지 다양하다. 인터넷에서 구입하면서 실패를 겪지 않으려면 잘 모르는 브랜드나 방문판매제품보다는 잘 알려진 브랜드의 기초스킨케어 제품을 구입하는 게 좋다.

마켓플레이스의 마케팅팀에 근무하는 L모군에게 꼬치꼬치 물어본 결과 화장품 가격이 믿을 수 없을 정도로 저렴한 기획전이나 즉시할인, 쿠폰 등은 판매자뿐 아니라 회사 내에서도 비용을 부담하는 것이라 결국 소비자에게 유리하니 적극 활용할 것. 마켓플레이스의 방문판매화장품의 경우, 정상적으로 유통되는 제품이 아니라 바코드 등이 훼손된 상태로 판매되는 경우가 많지만 제품은 똑같다는 게 써본 사람의 얘기다. 무엇보다 마켓플레이스의 할인쿠폰, 5% 즉시할인, 적립금, 무료배송 등 다양한 할인아이템을 꼭 챙겨서 구입할 것. 백화점에서는 상상도 할 수 없는 가격, 스킨로션 세트를 2만원선에 건지는 횡재도 얻을 수 있다.

# 가격대비 200% 만족하는 약국화장품

## 합리적인 가격, 약국화장품에 빠지다

잡지나 신문에서 요즘은 '코스메슈티컬cosmeceutical 화장품이 대세'라고 암만 떠들어대도 처음에는 별로 관심이 없었다. 몇년간에 걸친 화장품 쇼핑놀이의 결과 화장품이란 브랜드나 마케팅에 흔들려 구입했다가는 별로 득될 것이 없다는 뿌리깊은 생각과 화장품이란 어디서 팔던 화장품일 뿐 약국이나 병원에서 판다고 해서 치료제는 아니라고 생각했기 때문이다. 그러던 차에 우연히 약국화장품을 써볼 기회가 생겼다. 촬영협찬으로 받았던 아벤느의 온천수 스프레이와 국내 론칭기념으로 받은 시세이도 메디컬 크림이었는데 이게 생각 외로 괜찮았다. 나이가 들면서 점점 민감하고 건조해지던 피부에도 극적이지 않을 만큼 순하고 향기가 강하지 않은 것도 마음에 들었고, 무엇보다 저렴한 가격에 미백이나 탄력라인 같은 기능성 제품을 살 수 있다는 점이 가장 매력적이었다.

일반적으로 우리가 코스메슈티컬이라 부르는 화장품은 우리나라의 경우, 비쉬나 아벤느처럼 약국에서 파는 화장품과 피부과에서 파는 화장품 정도로 나눌 수 있을 것 같다. 피부과와 약국에서까지 화장품을 파는 걸 보면 확실히 화장품이 돈이 되긴 하나보다. 어쨌든 약국화장품, 특히 피부과화장품이 생겨난 이유는 여자들의 피부에 대한 관심이 보습이나 클렌징 같은 기초케어에서 트러블케어나 안티에이징 등 좀더 기능성위주로 확대된 결과일 것이다. 그러나 아무리 피부과에서 의사가 권하고 병원에서 산 제품이라도 어디까지나 피부개선을 위해 부차적으로 사용을 권하는 '화장품'이지 치료제가 아니라는 점을 기억할 것. 단지 판매루트가 다를 뿐 성분이나 효과가 그다지 크게 차이나는 것은 아니라는 얘기다.

피부과에서 판매하는 화장품 중 몇가지 기능성 제품들은 특별한 피부트러블 개선을 목적으로 하기 때문에 일반화장품보다 유효성분의 농도가 높아서 좀더 즉각적인 효과를 기대할 수 있다는 점은 일반화장품과 다른 점이다. 큰 장점이기도 하지만 한편으로는 트러블을 일으킬 가능성도 크다고도 볼 수 있다. 피부과 제품보다 조금 더 대중적인 것이 약국화장품인데, 앞서 말했다시피 이 제품군은 기능성라인을 좀더 저렴한 가격에 살 수 있다는 점이 가장 큰 매력인 것 같다. 탄력이나 노화방지 크림처럼 백화점에서는 가장 고가의 정점에서 팔리는 영양크림도 약국화장품이라면 6만원선에서 구입할 수 있으니 주머니 가벼운 이들에게는 최고의 선택이 아닐는지. 30만원짜리 영양크림이 6만원짜리 크림을 바를 때보다 정말 다섯 배쯤(혹 두세 배라도) 피부가 더 좋아진다면 없는 살림에 땡빚을 내서라도 사서 쓰겠지만, 20~30만원이 기본인 시슬리, 시세이도, 드라메르 등 고가의 영양크림을 이것저것 부럽지 않게 사서 써봤지만 솔직히 6만원대의 약국화장품 영양크림과 별 차이를 느끼지 못했다.


## 일반화장품보다 유효성분 함량이 높다

얼마 전 피부에 잔뜩 올라온 각질 때문에 피부가 탁하고 화장이 잘 먹지 않아 고민하던 P양이 모피부과 각질제거 프로그램을 사용한 후 느낀 소감을 들어보면 코스메티슈컬 제품의 장단점을 확실히 알 수 있다. 어찌나 제품이 독(?)하던지 바르고 나자 피부가 너무 따가워서 바로 씻어버리고 싶은 충동이 드는 것을 정신수양하는 기분으로 꾹 참았다고 한다. "이 따가움이 내 얼굴의 각질을 한 꺼풀 벗겨내고 뽀얀 속살을 드러나게 할 것"이라는 믿음을 가지고. 아멘! 성분표시를 살펴보니 다른 제품의 경우 아무리 강력한 필링제도 AHA가 5% 이상 든 것은 흔치 않은데 그 제품은

SOY FACE
CLEANSER
MAKEUP REMOVER
150ML e 5.1OZ
NETTOYANT AU SOJA
fresh

AHA가 10%나 되더라는 것. 다행히 식염수로 클렌징하기, 술 마신 날 저녁에 화장 안지우고 자기, 다음 날 일어나 그 위에 다시 파우더 두드리기 등등 가공할 만한 트레이닝으로 피부를 단련시킨 덕인지 그녀의 피부는 따가웠을지언정 별다른 부작용은 없었고 제품사용 후에는 확실한 필링으로 만족할 만큼 보드라운 피부가 되었다고 밝혔다. 피부개선을 위해 근본적인 접근이 필요한 피부라면 코스메슈티컬 제품들은 분명 매력 있는 제품이라고 할 수 있다.

## 약국화장품 어떤 게 있나

가장 많이 알려진 약국화장품은 비쉬www.vichy.co.kr와 유한양행에서 수입판매하는 온천수화장품 아벤느www.avene.co.kr. 프랑스에서 몇년간 공부하다 온 친구가 귀띔하길 프랑스 유학생들이 귀국 길에 선물용으로 한 보따리씩 사가지고 돌아오는 품목이 바로 아벤느 화장품이란다. 최근 가장 뜨는 약국화장품 브랜드는 시세이도 메디칼www.ilsung-sm.co.kr. 최근 한 통에 6만원(약국화장품도 노화, 탄력라인은 상대적으로 고가다)인 Q10크림을 구입해 사용했는데 아이크림도 생략하고 스킨과 이 제품만 썼는데도 부족함이 없었고 사용감도 좋은 편이라 상당히 만족스러웠다.

이밖에도 프랑스 바이오가biorga사에서 만든 온천수 베이스의 화장품 유리아쥬www.uriage.co.kr, 참존화장품의 약국브랜드화장품 메디셀www.charmzone.co.kr, 47명의 약사들이 천연 밍크오일을 이용해 만든 화장품인 장스앤팜스www.minkro.com 등이 판매되고 있다.

## 약국화장품 인터넷으로 할인받기

현재 국내에 유통되는 약국화장품은 약국과 온라인 쇼핑몰에서 살 수 있다. 오프라인에서 사려면 각 브랜드마다 유통되는 약국이 따로 있으므로 인터넷사이트 등을 통해 미리 알아보고 구입하는 것은 필수. 몇몇 브랜드 약국화장품의 경우, 약국에서 자체 운영하는 인터넷쇼핑몰에 들어가 보면 정가보다 많게는 15%까지 할인된 가격으로 화장품을 살 수 있다

아름답고 싶다면 화장을 덜 하라
—바비 브라운(세계적인 메이크업 아티스트)

## part 3

# Kitchen

커피잔, 그릇, 커트러리, 린넨매트, 항균도마 등 여자라서 행복한 쇼핑의 순간
>> 하나만 더, 하나만 더 하다보면 싱크대 무너지고 가계부 구멍난다

RICE
FLOUR
BMS
Biscuiterie Traou Mad
Pont-Aven
Finistère
fondée en 1920
ONE CUP
THREE FOURTH
HALF
Campbell's
CONDENSED SOUP   SOPA CONDENSADA
GREAT FOR COOKING
CREAM OF
MUSHROOM
CREMA DE
CHAMPIÑONES
NET WT / PESO NETO

여자라서 행복한 순간, 나의 주방을 내가 좋아하는
물건들로 가득 채울 수 있다는 사실…

 체코의 프라하 공항에서 가진 짐이 모두 그릇이라 몽땅 핸디캐리Handy-Carry해야 한다는 것을 알았을 때 눈빛만으로 나를 죽였던 십오년지기 친구의 얼굴을 기억한다. 돈 없는 여행자 신세라 친구가 살고 있는 파리까지 여러번 비행기를 갈아타야 했고 그때마다 공항바닥에서 그 짐을 끌고 몇시간씩 대기해야 했기 때문이다. 우리의 우정이 3개월치만 모자랐어도 그녀는 망설임 없이 나를 버리고 갔으리라.

혼자서는 도저히 들 수 없을 만큼 바리바리 사제꼈던 그 그릇들은 체코의 명물인 '쯔브벨무스터' 식기와 크리스탈와인잔, 보헤미안 왕국에서만 구입할 수 있는 각종 커피잔세트들이었다. 배낭 하나 달랑 메고 와서 주변사람에게 줄 선물들까지 커피잔세트 등으로 사들일 때는 그걸 들고 몇날 며칠을 여행해야 한다는 생각 따위는 들지도 않았다. '쯔브벨무스터' '빌레로이 앤 보흐'도 '르 크루제'도 한국의 반값이거나, 세일해서 삼분의 일 가격밖에 안했기 때문이다. 좋은 물건이 이렇게 싼데, 어떻게 안 살 수 있으리오. 파리 외곽의 클리냥쿠르 벼룩시장에서 무지무지하게 멋진 앤티크 가구와 식기들이 30만원대에(우리나라에서는 100만원이 뭐냐, 300만원이 훌쩍 넘는 퀄리티였다) 팔리고 있는 걸 봤을 때는 이참에 컨테이너를 하나 빌려서 몽땅 한국에 실어갈까? 하는 생각에 밤잠을 못 이뤘다. 결혼해서 살림쇼핑의 마력에 눈을 뜬 여자들은 어디를 가더라도 그곳의 풍경이나 유적, 박물관을 추억하는 게 아니라 믿을 수 없을 만큼 쌌던 브랜드아울렛,

벼룩시장의 탐나는 앤티크들, 망설이다 끝내 못 사와서 아쉬웠던 그것들로 여행을 추억하는 것 같다. 다음에 가면 꼭 사오리라 떠오를 때마다 다짐하면서 말이다.

　얼마 전에 깨달은 건데, 결혼해서 얻을 수 있는 '행복'은 어떤 게 있을까? 사랑하는 사람과 매일 아침 같은 침대에서 일어나는 것? 우리를 닮은 아기를 낳아 단란한 가정을 꾸리는 것?
　　　· · ·땡! 틀렸다. 물론 이렇게 닭살 돋을 만한 좋은 점들도 많이 있지만(정말?) 그보다 더(라고 하면 안되고), 아니 그 만큼이나 기쁘고 행복한 일이 또 있다. 여자라서 행복한 순간, 나의 주방을 내가 좋아하는 물건들로 가득 채울 수 있다는 사실(쇼핑 카테고리가 하나 더 늘었다는 말 못할 환희)이다. 결혼을 준비하면서 '내 생전에 이런 목돈을 또 언제 써보겠냐'는 생각에 한껏 마음이 부풀어, 심은하가 냉장고 옆에 서서 눈부신 미소와 함께 '여자라서 행복해요'라고 얘기했던, 죽었다 깨어나 다음 생을 살아도 결코 내 것이 아닐 것만 같던 그 말이 갑자기 마구마구 이해가 되기 시작했다.
　주방용품에 대한 여자들의 욕심은 한번 불붙기 시작하면 정말 끝이 없어서 옷 안 사고 술 안 마셔도, 심지어 집에서 밥도 변변히 안해 먹으면서도 까딱 잘못하다가는 주방용품 때문에 가계부에 펑크나는 구제 불능 사태가 생길 수 있다. 이쯤 되면 와이프의 '주부놀이'를 사랑스런 눈길로 바라보던 남편도 은근한 압력을 주기 시작하고 급기야 아내들은 남편 몰래 택배를 받기 위해 관리실 아저씨를 매수하며(남편에게는 절대 택배를 내놓지 말아야 한다는 압력행사), 사놓은 물건을 싱크대 깊숙이 숨겨놓았다가 마치 오래전부터 있었던 것인양 연기를 해야 하는 눈물나는 007작전이 시작된다. 나라고 물론 예외는 아니어서 결혼 후 약 6개월 동안은 택배를 받느라 외출을 못 할 정도였다. 다행히 내 주변에는 요리연구가인 친구부터 30년 묵은 살림베테랑의 나이를 초월한 친구까지, 부엌살림에 대한 냉정한 조언자들이 있었던 터라 꼭 사야 할 물건과 잠시 보류하고 생각해봐야 할 것들에 대한 가닥이 조금은 잡혀 있었다. 하지만 이런 가이드라인 없이 충동을 못 이기고 좋아하는 것을 사재끼다보면 결국 온통 비슷한 물건과 없어도 그만인 물건들로 싱크대와 찬장, 다용도실을 가득 채우고 급기야 식기세척기가 욕실에 가 있는 웃기는 상황이 벌어질 수도 있다 (실제 주변에서 일어난 일이다. 믿거나 말거나!).

30년 베테랑 주부이자 살림의 달인인 친한 언니는 "부엌살림 늘여봤자 이사할 때 골치만 아프고 손님이 많이 오면 그냥 일회용 접시 사용하고 젓가락 없으면 나무젓가락 쓰면 되며 프라이팬, 냄비, 컵 따위는 그냥 백화점 사은품만 써도 30년 사는데 아무런 하자가 없다"고 했다. 절대 틀린 말 아니다. 하지만 이런 생각을 가진 이라면 아마도 이 장을 들춰보지도 않았겠지.

하루 한번 이상 주방에서 긴 시간을 보내야만 하는 '이 죽일 놈의 운명'을 타고난 여자들에게 주방의 사치는 마땅히 누려야 할 호사라고 감히 말하고 싶다. 하. 지. 만! 그렇다고 가계부에 펑크를 내는 것은 장기화된 경기침체기에 남편에게 참으로 못할 짓이 아니던가. 그러니 주부들은 하나를 사더라도 공부하고, 고심하고, 인내해서 사야 하는 것이다. 그리고 확신하건데 고심해서 고른 주방용품은 항상 제값을 하고 만족감도 훨씬 크다. 대신 주방용품 지름신을 가라앉히고 싶을 때는 30년 베테랑 주부인 친구의 말을 기억하자. "이거 없어도 밥하는 데 지장 없다구!"

# 밑줄 쫙 긋고 반드시 확인해야 할
# 키친의 쇼핑기술


**하나,** 참아라, 기다려라, 그래서 'A'를 사라

얼마전부터 프랑스제 '르 크루쉐'의 오벌 프렌치 오븐(무쇠솥)이 눈물나게 갖고 싶었다. 그것도 빨간색으로! 인터넷 가격이 18만원이나 하니 선뜻 사지 못하고 하루에도 몇번씩 사이트에 들어가 보고 백화점에 가서도 그 녀석들만 쳐다봤다. 하지만 가격부담 때문에 그냥 3만원짜리 법랑냄비를 사며 '그래 이걸로 끝'이라고 스스로에게 주문을 걸었다. 그래서 지금껏 잘 버티고 있느냐고 물으신다면? 사실 법랑냄비 산 지 일주일도 안되서 결국 르크루쉐 무쇠솥을 사고야 말았고 유선형으로 잘 빠진 새빨갛고 멋진 그 녀석은 우리 집 주방에서 일년 사시사철 자태를 뽐내며 밥도 짓고 스튜도 만들어내는 위용을 과시하고 있다.

마음에 쏙 드는 물건을 찾지 못했거나 혹은 마음에 드는 제품이 비싸다는 이유로 '뭐, 이 정도면 괜찮겠지' 생각하면서 급하게, 대충 물건을 샀다가 결국 사고자 했던 비싼 제품을 다시 사게 되는 경험을 해본 적이 있을 것이다. 가격부담이 적은 소품 종류는 이중지출을 해서라도 마음에 드는 것을 손에 넣었으니 뿌듯할 수도 있겠지만 그러기엔 너무 비싼 물건이라면 두고두고 속이 쓰린 것은 두말하면 잔소리다. 특히 주방용품은, 같은 아이템이라도 다양한 디자인을 구입해 이리저리 활용하는 것이 당연한 패션 아이템과는 성질이 다르고 한번 구입하면 짧게는 3년 길게는 평생(?) 동안 주방 한 켠을 지키게 된다. 따라서 밑줄 쫙 긋고 기억해야 할 주방용품 구입의 첫번째 수칙은 B나 C가 아닌 'A'를 사라는 것이다. 스테인리스 프라이팬을 마음에 두고 코팅팬을, 결국 코팅팬이 그게 그거 아닐까라는 생각으로 몇천원짜리 싸구려

코팅팬을 샀다가는 볶음밥 한번 해먹고 코팅이 벗겨진 팬을 보며 전전긍긍하다가 결국 다시 지갑을 열어 스테인리스 팬을 사고 만다.

특히 사고자 하는 물건이 기능보다는 디자인이 더 중요한 것이라거나 유난히 좋아하는 아이템이라면 이 법칙은 반드시 지켜져야 한다.

우연히 알게 되어 친구로 지내고 있는 '손녀딸'이라는 별명을 가진 요리연구가 차유진씨가 말하기를 "스텐 냄비나 솥은 큰맘 먹고 휘슬러 같은 명품으로 한번에 확 사서 대를 물려 쓰는 것"이라고 했다. 좋은 걸 딱 하나 사고 나면 다른 차선책은 살 필요가 없는 것이다.

여자들마다 유난히 집착하는 주방용품이 따로 있다. 집에 주전자는 없어도 티포트는 고루고루 여덟 개쯤 사다 모셔놓고 있다거나, 숟가락 젓가락 세트는 할인마트에서 여섯 개 세트에 1만원도 안되는 걸 사다 쓰면서 플렛웨어(커트러리 세트)와 버터나이프는 눈에 불을 켜고 6인 세트로 서너 종류씩 사놓고 흐뭇해하는 나 같은 사람을 말하는 것이다. 여덟 개쯤 되는 티포트에 차를 담아 마시는 것은 두세 달에 한번 할까 말까이고 사랑해 마지않는 랄프로렌 플렛웨어는 달랑 오븐에 닭 구워 먹을 때 남편이랑 둘이서 쓰고 있을 뿐이지만 그래도 아는 사람은 알 것이다. 한달에 한번, 아니 두 달에 한번이라도 그것을 꺼내 쓸 때의 말 못할 행복감이란! 이런 아이템은 명품가방과 비슷해서 솔직히 꼭 필요한 것은 아니지만 열심히 따지고 고민해서 하나하나 장만하면 보물상자 바라보듯 마음이 흐뭇해진다.

물건을 살 때는 '한두 군데 가서 둘러보니 썩 마음에 드는 건 없는데 뭐, 그중에 가장 낫다고 생각하는' 차선책 대신, 눈과 마음을 완전히 사로잡은, 그리고 이성적으로도(가격이나 기능성 등) 납득 가능한 'A'가 나타날 때까지 사지 않고 기다리는 인내심이 필요하다(이렇게 하다보면 쇼핑도 덜하게 된다). 그리고 무작정 기다리는 게 아니라 어디를 가나 그 물건을 염두에 두고 열심히 찾아보는 수고를 해야 한다. 그리고 어느순간 '이거다!' 싶은 게 눈 앞에 딱 나타나면 망설이지 않고 잽싸게 살 수 있는 과감함과 순발력 역시 무엇보다 중요하다.

## 둘, 그릇구매, '실속'과 '욕망' 동시만족

결혼하고 요리나 살림에 조금만 관심이 생기면 무섭게도 '화르륵!' 불붙기 시작하는 것이 그릇 욕심이다. 아직도 '식기는 가볍고 깨지지 않는 코렐이 최고'라 여기고(코렐 밥그릇에 밥 먹으면 살이 찐다는 설도 있으니 주의하자! 흐훗), 혼수품으로 반상기 세트나 디너웨어 홈 세트를 사는 사람도 있겠지만 얼마 지나면 알게 될 것이다. 공중에 날려도 멀쩡한 강인한 코렐의 기적이, 그릇을 바꾸고 싶어질 무렵엔 '깨지지 않는 저주'라는 걸, 큰맘 먹고 장만한 50피스 반상기 세트가 일년에 한번도 꺼낼 일이 없고 자꾸 보면 싫어진다는 걸, 내가 원했던 그릇은 이게 아니었다는 걸 말이다. 그래서인지 요즘은 식기를 세트로 사놓아도 밥그릇과 국그릇, 찬기 몇개 이외에는 거의 사용할 일이 없거니와 집에서 밥을 먹는 횟수도 줄고 한식위주의 식단만 고수하는 집도 별로 없어서 식기를 세트로 구입하는 대신 필요한 것만 선택해서 사는 사람이 늘고 있다. 그렇다면 많고 많은 제품 중 어떤 것을 사는 것이 스타일을 향한 불 같은 '욕망'과 경제사정과 실용성을 생각하는 '실속' 둘 다를 만족시켜줄까?

▶ **때로는 과감히 투자하라** 옷을 입을 때와 마찬가지로 그릇도 명품 일색으로 꾸미는 것 보다 저렴한 것과 명품을 적절히 활용하는 것이 좋다. 고급브랜드 제품은 값은 비싸도 확실히 고급스럽고 음식을 담았을 때의 모양새도 달라서 가치가 느껴지기 마련이다. 명품그릇을 디너풀세트로 장만하는 것보다(양식기는 실제로 식탁에 자주 올릴 일도 없을 뿐더러 돈도 돈이다) 디저트용 접시나 티세트를 고급스러운 것으로 구비해놓으면 부담도 적고 식탁의 품격이 훨씬 높아진다.

▶ **기본식기 구입 노하우** 자취생이거나 요리관련 일을 하는 게 아니라면 그릇에 관련된 쇼핑을 본격적으로 시작할 때는 결혼을 앞두고다. 나뿐 아니라 주변의 요리선생님, 푸드코디네이터의 의견을 들어보아도 역시 혼수식기를 기본아이템으로 구입할 때는 가능한 흰색을(그것도 푸른빛이 도는 것보다 유백색 화이트 그릇이 좋다) 심플한 디자인으로 사는 것이 좋다. 화려한 꽃무늬나 복잡한 장식따윈 필요없다. 그릇을 몇십 피스 세트로 구입할 필요는 없지만 꼭 필요한 기본아이템은 있다. 작은 접시보다는 넉넉한 사이즈의 접시를 몇 개 준비해놓으면 쓸모가 많으며 가로세로 15센티 정도의 사각접시나 비슷한 사이즈의 원형접시는 개인접시로 사용하기 좋은 필수품목이다. 특히 반찬그릇의 경우 공간활용을 생각해 데드 스페이스가 적은 사각제품을 사는 것이 실용적이면서 음식을 담았을 때도 정갈하다. 밥그릇과 국그릇은 친구나 시댁, 친정 어른들이 방문할 경우를 대비해 적어도 여섯 개씩은 짝을 맞춰 사놓아야 한다. 반찬그릇과 달리 한 식탁에 밥그릇, 국그릇이 제 각각이면 정말 볼품없어지기 때문이다.

기본적으로 갖추어야 할 아이템인 밥과 국을 담는 볼, 대접시와 중접시, 찬기, 소스그릇, 찻잔, 주전자 등은 어떤 그릇과 매치해도 잘 어울리고 한식과 양식 어떤 요리를 담아도 좋으며, 센스를 좀더 발휘하면 그릇뿐 아니라 센터피스로 장식할 수 있는 등 다양한 역할이 가능한지 따져보고 구입한다. 무늬가 너무 요란하거나 식감을 떨어뜨리는 컬러그릇은 음식을 담아도 예쁘지가 않다. 특히 새로 식기를 살 때는 각기 다른 브랜드라도 서로 잘 어울리는지 고려해서 제품을 사면 더욱 경제적이다. 이에 덧붙여 건강까지 고려한다면 금상첨화.

# 셋, 쇼핑 전 꼭 알아둬야 할 주방용품 don't list

주방용품은 옷이나 구두와는 조금 다르다. 옷은 입에 꼭 맞는 맛있는 음식점 순례를 하는 느낌이라거나 킬링타임용 남자친구를 전화로 불러내는 기분으로도 쇼핑이 가능하지만 (물론 한 벌에 백만원을 호가하는 디자이너 옷이 아니라 동대문의 시즌 쇼핑을 말하는 것이다.) 주방용품은 그렇지 않다. 왠지 남편감을 고르는 기분이 되는 것이다. 한번 사면 몇십년이고 써야 할지도 모른다는 강박관념 때문일까? 1~2만원 하는 동대문 티셔츠와 같은 값이거나 오히려 더 비싸지 않은 것들도 엄청나게 신중해진다.

어린 나이에 결혼한 나는(ㅋㅋ정신적으로 말이다) 처음 신혼살림으로 주방용품을 구입할 때는 취향에 따라 고르는 것은 감히 생각도 하지 않았다. 왜냐하면 주방용품의 세계는 내게 '캐나다 밴쿠버에서 두번째로 큰 슈퍼마켓에서 발행해주는 세일쿠폰' 처럼 머나먼 곳이었기 때문이다. 살림하는데 갖춰야 할 것들은 모두 정해져 있고 그 안에서 더 사느냐 마느냐의 기로라고 생각했던 것이다. 그래서 친정 엄마가 주는 프라이팬과 회사기념일에 받은 냄비, 쇼핑몰 사은품으로 받은 것들로 주방을 채웠다. 뭐가 좋은지 잘 모르니 쇼핑에 관심도 없었다고나 할까. 하지만 막상 결혼해서 내 주방을 갖게 되니 주방용품은 다 거기서 거기라고? 뭘 모르시는 말씀이었다. 일단 한번 주방용품 쇼핑에 빠진 사람들은 다 알지만 냄비 하나도 지름이 20cm인지 23cm인지, 손잡이가 플라스틱인지 스텐인지, 뗄 수 있는 것인지 없는 것인지가 세상에서 제일 중요해지는 것이다. 옷 쇼핑을 좋아한 것은 단순히 그것이 필요하고 패셔너블해지고 싶은 사람이어서가 아니라 무엇인가를 사들여서 얻는 엄청난 만족감도 있었음을 어떻게 부정하랴! 결혼하고 6개월쯤 지나서부터 살림 쇼핑맛을 들인 나는 무에서 유를 창조하는 주방의 신이 된 것처럼 떳떳하게, 기쁨에 들떠서 크고 작은 주방용품을 사들이기 시작했다. 요리할 줄 모르는 나를 더 요리 잘하는 사람으로 만들어줄 편리하고 실속 있고 없어서는 안되는 주방용품들 말이다. 이것은 옷을 쇼핑할 때와 다르게, 우리 집 살림을 사들인다는 생각이 있어서인지 가짓수를 늘이는 데 인색해지지 않았다. 주방용품 쇼핑의 가장 큰 함정은 여기에 있다.

# 나의 황당한 주방쇼핑 실패기, "배보다 배꼽이 더 컸다!"

**그래서 파스타를 하나 삶을 때 어떤 일이 벌어지느냐 하면**

**1** 우선 구멍 뚫린 기름용 냄비가 들어 있는 5리터짜리 파스타용 들통(코스트코에서 구입한 키친플라워 3만원대)을 꺼낸다. 이것은 사이즈가 어마어마하기 때문에 평소에 신발장 옆 창고에 들어 있다가 한달에 한두 번 파스타를 삶기 위해 주방에 납신다.

**2** 거기에 물을 끓이면서 파스타 국수용 계량계(일본 천엔숍에서 2천원)를 꺼낸다. 국수의 양을 1인분, 2인분 나눠서 계량할 수 있도록 구멍이 뚫려 있는데 그 동그란 구멍에 국수를 들이밀다가 국수가 부러지기가 일쑤다.

**3** 물이 끓을 때 국수를 넣고 타이머(남대문에서 구입한 보덤, 3만원대)를 8분에 맞춘다.

**4** 바닥에 떨어뜨리고 흘린 국수부스러기는 치우지도 못하고 마늘 슬라이서(인터넷쇼핑몰 1만원대)를 꺼낸다. 역시 가끔 등장하는 것이라 서랍 깊숙이 숨어있다. 그냥 칼로 저미는 게 더 빠르고 설거지도 적지만 이미 산 거라 꼭 꺼내서 쓰는 의리를 보인다. 그냥 내가 그렇다는 얘기다.

**5** 마늘을 기름에 볶기 위해 미국에서 특별히 4만원(국제배송비와 쉬핑비 포함)대에 구입한 오일 스프레이를 꺼내어 팬에 칙칙 기름을 뿌려 볶고

**6** 냉동실에 얼려둔 조갯살을 빨리 녹이기 위해(안 녹이고 그냥 넣어서 볶아도 상관없다는 걸 나도 알고 있다) 역시 인터넷에서 3만원 정도에 구입한 에펠 해동판에 녹인다(시어머니께서 언젠가 한번 보시더니 가벼운 스텐냄비로 눌러놓거나 뚜껑 두 개 사이에 겹쳐놓으면 더 잘된다고 한마디 하셨지만 다행히 얼마 주고 샀냐고는 물어보지 않으셨다).

**7** 얼음물에 담가둔 샐러드의 물기를 빼기 위해 샐러드스피너(마트에서 3만원대에 구입한 일제, '질리스'에서 나오는 더 좋은 걸 사고 싶었지만 참았다)를 창고에서 주섬주섬 꺼내 보지만 이미 조리대 위에는 남은 자리가 없다. 결국 주방 바닥에 쭈그리고 앉아 통을 돌려 물기를 빼고(상상하지 마세요, 플리즈)

**8** 샐러드 드레싱을 만들기 위해 드레싱 병을 찾는다. 드레싱 병은 결혼하기 전부터 호시탐탐 노리던 것인데 오일과 간장 등의 분량이 투명한 병에 예쁘게 적혀 있다. 물론 그 비율에 맞췄다가는 6개월 동안 먹어도 다 못 먹을 소스가 만들어질 게 분명하므로 대충 짐작으로 섞어서 조금만 만든다(그래서 맛이 항상 들쑥날쑥하다).

**9** 드레싱 병 입구가 작아서 숟가락이 안 들어가는 관계로 목이 긴 티스푼을 꺼낸다(역시 옥션에서 특별히 구입한 것이다 ㅎㅎ). 어찌어찌 상에 차려진 바지락 스파게티와 샐러드를 달랑 놓고 보니 주방은 10인분 파티를 위해 잔치음식을 만든 것처럼 난리가 났다. 설거지는 또 어떻구. 조리도구라 미니식기세척기에는 들어가지도 않는다. 불행히도 이런 조리도구들이 부질없다는 생각이 든 것은 이 모든 것을 장만한 뒤였다. 조리도구는 오래 쓴다는 생각 때문에 더 견고하고 더 메이커 있고 더 비싼 것, 그리고 모양도 예쁜 것을 더 착한 가격에 찾느라 시간과 정력을 무지하게 낭비한 뒤였다.

어느덧 3년간의 주부생활(비록 생 양아치 불량주부긴 했지만) 끝에 내린 결론은, 결혼 전의 초심으로 돌아와 진정한 고수주부일수록 없는 연장 탓을 하지 않는다는 것이다. 말하자면 찌개를 끓이는 뚝배기 하나와 국을 끓이는 튼튼하고 묵직한 스테인리스(또는 무쇠)솥, 30cm 궁중팬, 25cm 내외의 프라이팬 한두 개면 한 시간 안에 푸짐한 5인용 식사를 뚝딱 만들어낼 수 있다(내 얘기는 아니지만 친정엄마와 시어머니를 보면 확실히 알 수 있다). 전기압력밥솥 없이도, 냄비에 윤기 잘잘 흐르는 밥을 더 빨리 더 맛있게 할 수 있고 찜기나 전기생선그릴 없이도 반찬은 갓 만들어 따뜻하고 다양하다. 반찬 한 개 만드는 데 (여전히!) 30분 걸리는 나로서는 정말 창피한 노릇이다. 이 모든 일은 요리법을 머릿속에 익히고 몸으로 체득하기 전에(조리시간을 단축해준다는) 아이디어주방용품을 구입한 데서 벌어진 것 같다. 주방용품을 신나서 구입하기 전에, 싼 것이라도 망설여야 하는 이유는 또 있다. 세상에 나와 있는 모든 주방용품이 우리 집에 꼭 필요한 것은 아닐 테니까 말이다. 게다가 우리나라 주거형태는 30평대 아파트라도 주방이 매우 좁게 나와 있는 경우가 많아서 욕심껏 주방용품을 사다보면 앞뒤 베란다와 붙박이장마다 덩치 큰 주방용품을 쑤셔 넣느라 머리가 아플지도 모른다. 나처럼.

**▶필요한 리스트를 먼저 작성해라** 주방용품을 살 때 가장 중요한 것은 사고 싶은 것과 필요한 것, 집의 사양에 맞는지 3박자를 딱딱 맞춰야 한다는 것이다. 그 다음 종이에 꼭 필요한 주방용품 리스트를 적어라. 필요한 것이 생각보다 많은 것에 놀랄지도 모른다. 그러면 여기에 비슷한 기능을 하는 가전제품과 조리도구를 지워나간다. 그 다음은 집안에 놓을 자리가 있는지 생각해본다. 주방가전은 생각보다 부피가 크기 때문에 제대로 된 수납공간이 없으면 넣고 빼기가 번거로워 사용하지 않게 되기가 일쑤다.

**▶Don't List는 사람마다 다르다** 가전제품이 뭐가 필요하느냐 필요하지 안느냐는 정말 취향과 라이프스타일에 따라 다르다. 하지만 가전제품을 사느냐 사지 않느냐는 '매일, 아니면 적어도 2~3일에 한 번은 사용하는가'를 기준으로 골라야 한다. 냉장고, 세탁기, 가스레인지는 두말 할 것 없이 꼭 필요할 것이다. 하지만 뭔가 쓸 데가 있지 않을까 싶어서 하나 둘 욕심을 내다보면 전자제품의 세계도 만만치 않은 수

렁이 기다리고 있음을 알게 된다. 가전제품은 얼마만한 빈도로 쓰는지, 보관할 만한 곳은 있는지, 크기가 부담스럽지 않은지, 설거지는 편리한지 꼭 따져봐야 한다. 설거지에 있어서라면 초강력울트라 귀차니스트인 나로 말하자면 아무리 요리가 간편해지고 영양소의 파괴가 적다고 하더라도 쓸 때마다 번거롭게 창고에서 꺼내야 할 만큼 덩치가 만만치 않다던가 설거지가 복잡하다던가 하면 절대로 구입하지 않는 것을 원칙으로 하고 있다(물론 이미 전기찜기와 전기그릴, 요구르트 메이커 등을 구입한 뒤였다). 한번 사고 나서 더 마음에 드는 걸 발견했다고 해서 옷처럼 여분으로 더 살 수 없는 게 전자제품인 만큼, 사기 전에 열 번을 망설이고 재고 또 재도 후회 없다.

**My don't list**

**1 슬로우쿠커** 매일 건강물 다려드시는 분이 아니라면야…

**2 주서** 눈 튀어나오게 비싼 게 아니면 즙보다 과일건더기가 더 많이 나온다.

**3 전기튀김기** 건강도, 편리함도 좋지만 그 기름값은 어떻게 댄단 말이냐!

**4 믹서기** 믹서, 푸드프로세서, 핸드블렌더는 가족의 식생활에 가장 적합하다고 생각되는 제품 딱 하나만!

**5 커피메이커** 커피는 조금이라도 식으면 맛이 없어서 한번에 많이 내려봐야 소용없다. 집에서 커피를 맛있게 즐기려면 1~2인용 드리퍼나 모카포트가 낫다.

**6 전기생선구이기** 가스레인지의 그릴이나 미니컨벡션 오븐, 생선구이용 양면팬을 사용하는 게 속 편하다.

**7 미니슈슈다리미** 구입한 주변의 지인들도 하도 쓸 데가 없어서 안면 스티머로나 쓸까한다는 제품.

**9 가스오븐레인지** 오븐토스터나 미니전기오븐이 활용도가 높다.

**10 토스터** 차라리 컨벡스 미니오븐이나 오븐토스터기를 사라고 권하고 싶다.

**11 그외 자동음식제조기** 콩나물재배기(콩, 숙주, 무순 그냥 사서 먹는 게 더 싸고 덜 번거롭다), 두부제조기(두부기 어찌나 적게 나오는지 찌개에 넣을 만큼도 안 나온다), 국수제조기(밀가루나 메밀가루까지 생산하는 집이 아니라면 그렇게 필요가 있을까?), 아이스크림제조기(아예 아이들에게 아이스크림을 안 주고 만다), 누룽지제조기(프라이팬에 약한 불로 밥을 깔아두면 저절로 된다) 모두 혹해서 구입하고 싶어진다. 난 점쟁이는 아니지만 어딘가의 사은품으로 딸려오는 게 아니라면 2~7만원을 육박하는 이 제조기들은 한두 번 주인에게 기쁨을 주고 인터넷 장터나 창고 안 깊숙한 곳을 떠돌 운명이라고 감히 말하고 싶다.

# 넷, 살림이 편해지는 기본 조리도구와 주방용품

일단 주방살림은 최소 수량으로 시작해 필요한 것을 조금씩 더 구입하는 것이 좋다. 살림을 해나가면서 둘러보고, 살펴보고, 따져본 후 내 취향과 라이프스타일에 맞는 물건을 하나하나 사들이는 일도 살림의 큰 즐거움 중 하나다.

결혼을 막 하고 나서는 싱글 때 혼자 해 먹던 밥과는 달라야 한다는 압박감과 밥 하고 국 끓이고, 아무리 밑반찬이 있어도 생선이나 고기반찬 한가지와 나물무침은 못해도 계란말이라도 하나 더 올려야 한다는 까닭 모를 책임감 때문에 식사를 준비하는 데 두 시간은 걸렸던 것 같다.

게다가 그 많은(?) 걸 한번에 준비하자니 우왕좌왕, 뒤죽박죽, 개수대에 설거지 거리는 점점 쌓여가고 식재료와 도구들이 좁은 싱크대를 넘쳐나 식탁 위까지 점령, 식사준비가 끝나면 주방은 폭탄 맞은 꼬락서니인데다가 두 시간쯤 서성댄 탓에 다리는 또 어찌나 아프던지! 다행스럽게도 지금은 이런 사태가 대략 개선되어 국끓이기는 누워서 떡 먹기보다 쉽고, 생선 굽고 나물 하나 무치는 것까지 대략 30분이면 해결되고도 남는 경지가 됐으니 스스로 대견해도 괜찮겠지?

이렇게 되는 데는 갖은 실패와 피나는 노력도 있었지만 더불어 적절한 보조도구의 사용과 수납위치 역시 큰 몫을 한 것임을 부인할 수 없다.

## 잘 사두면 200% 득이 되는 주방살림살이

**잘 드는 부엌칼** 좋은 칼은 일단 손에 잡히는 느낌부터 달라서 재료를 썰거나 다듬을 때도 훨씬 수월하고 날도 잘 무뎌지지 않는다. 명품칼 하면 헨켈을 떠올리지만 사람에 따라 너무 무겁게 느끼는 경우도 있으므로 자신에게 맞는 것을 고른다. 요즘 외국에서도 선풍적인 인기를 끌고 있다는 일제 세라믹칼은 날이 무뎌지지 않아 갈 필요도 없고 가벼워서 여러모로 좋다. 특히 야채나 과일은 스테인리스가 닿으면 영양소가 파괴되기 때문에 안전한 세라믹칼을 쓰는 게 좋다.

**손목 편하고 위생적인 도마** 좋은 나무로 만든 도마는 칼자국도 깊이 나지 않고 오래된 나무일수록 강하다는 '피톤치드'가 팍팍 뿜어져나와 자체 항균작용까지 해준다니 말 그대로 웰빙도마가 아닐 수 없다(칭찬이 늘어지는 이유는 요즘 일본산 히노끼 나무로 만들었다는 나무도마가 사고 싶어서 안달이 났기 때문이다). 미국의 한 과학자가 나무도마와 플라스틱도마, 고무도마에 식중독을 일으키는 박테리아균을 뿌리고 하룻밤이 지난 뒤 보니 다른 것들에는 세균이 엄청 불어난 반면 나무도마에 뿌린 세균은 깨끗이 사라졌다는 기적 같은(쇼핑 욕구에 더욱 불을 당기는) 얘기도 있다.

**다용도 웍(궁중팬)** '웍'이라 불리는 깊이가 있는 궁중팬은 여러모로 유용하다. 궁중팬에 도마를 뚜껑삼아 국부터 각종 반찬, 심지어 양념치킨까지 만들어내는 기적을 연출할 수 있다. 심지어 궁중팬에 국수를 삶으면 절대로 물이 넘치지 않는다는 사실을 아는지. 웍은 코팅되지 않은 스테인리스 재질을 사놓으면 수세미로 싹싹 씻어서 볶음도 하고 물을 부어 야채 데치는 데도 사용하는 등 다용도로 막 쓸 수 있어서 더 편하다. 팬 종류는 간단하게 지름 30cm 정도의 웍 하나면 충분하고 여기에 26~30cm 프라이팬 한 개 정도만 더 사면 된다(이것도 싫다면 그냥 웍 하나로도 다 해결할 수 있다).

**냄비와 뚝배기** 냄비도 괜히 돈 들여 세트로 여러개 살 필요 없이 라면 두 개 분량을 끓일 정도의 작은 냄비, 국을 끓이기 위한 3~4인용 냄비면 충분하다. 조금 더 보탠다면 1~2리터 정도의 편수냄비와 김치찌개나 된장찌개를 끓일 때 요긴한 돌솥냄비가 하나쯤 있으면 좋다.

**조리용 바트와 스텐볼 세트** 요리선생님들의 작업실마다 바트와 스텐볼 세트가 차곡차곡 정리되어 있는 데는 다 이유가 있다. 준비해둔 재료를 깔끔하게 놓아둘 수 있어 부엌에서 우왕좌왕 하지 않을 수 있고, 재료 밑간을 하거나 데친 것 식힐 때, 양념할 때도 유용하다. 바트는 A4보다는 작은 사이즈로 구비하되 방산시장 제과도구숍에서 미니 베이킹팬을 사거나 일원스테인리스www.ilwonsts.co.kr, 쿡프로www.cookpro.co.kr, 종로3가 일대의 의료기구상, 천원숍 등을 둘러보면 마음에 드는 물건을 찾을 수 있다.

**샐러드스피너** 사람에 따라 샐러드스피너(야채 탈수기)는 싱크대 공간만 차지할 뿐 별로 필요가 없다고 말하는 사람도 있지만 내 경우는 필수품이다. 흐르는 물에 야채를 씻어서 바로 샐러드스피너 안에 담아 탈수하면 야채에 물기가 말끔히 제거되어 물이 질질 흐르는 쌈이나 샐러드와는 '굿바이' 하게 된다. 특히 이렇게 야채탈수기에 물을 뺀 야채를 밀폐용기나 지퍼백에 넣어 냉장보관하면 일주일 이상 끄떡없을 뿐더러 싱싱하고 아삭한 식감이 그만이다.

**저울, 계량스푼, 계량컵, 타이머 등 각종 소도구** 멸치볶음 하나를 만들어도 요리책을 열 번쯤 들여다봐야 하는 요리초보나 서양요리와 베이킹에 관심 있는 사람이라면 저울이나 계량컵, 계량스푼, 타이머 등은 꼭 필요하다. 이런 도구와 국자나 뒤지게 같은 것들은 싸구려 말고 약간 더 돈을 주고라도 마음에 드는 것을 사라고 말하고 싶다. 이런 도구는 항상 주방에 노출되어 있어 눈에 띠고 요리할 때마다 항상 사용하는 물건이므로 기능성과 디자인을 동시에 만족해야 한다. 이밖에도 유용한 소형 조리도구는 오이껍질 벗기는(물론 다른 야채에도 사용할 수 있고 야채를 얇게 포 뜨듯 자를 때도 편하다) 필러, 마늘갈이나 스퀴저, 내열 알뜰주걱, 국자, 뒤지개, 볶음요리나 국물요리를 할 때 쓸 나무주걱, 각종 채 종류가 있다. 채는 다용도로 쓸 지름 15~20㎝ 내외의 큰 것과 된장국에 된장 풀 때 쓸 국자처럼 생긴 것, 두 가지 정도 구비해놓으면 좋다.

**소형 전기오븐** 사이즈는 작아도 케익, 쿠키 같은 제과제빵은 물론이고 라자냐, 통닭구이, 그라탕 등 웬만한 요리는 다 할 수 있고 전자레인지 정도 크기라서 공간도 많이 차지하진 않는다. 단, 작아도 닭 한마리 정도는 들어갈 수 있는 크기여야 한다.

# 다섯, 안전한 조리도구는 따로 있다

매일같이 드나드는 인터넷요리동호회 사이트에서 불고 있는 무쇠솥과 스텐 열풍을 그냥 지나치기에는 난 '조리도구 안전염려증' 과 '웰빙건강 자연식홀릭' 이라는 병에 걸린 사람이었다. 하루 세 끼를 거의 식당 밥을 먹는 반대급부로 집에서 먹는 것만큼은 유기농 식재료로 조미료 없이, 안전한 조리도구로 만들고 싶다는 그런 바람을 품고 있는 것 말이다. 가족의 건강을 밤낮으로 생각하는 나를 두고 '뭐 좋은 거 살 거 없을까' , 눈을 휘번득이는 쇼핑광을 떠올리면 곤란하다. 물론 이런 사고방식은 '비싼 식료품비'에 때때로 '니 맛도 내 맛도 없는 완성요리' 와 '값비싼 조리도구를 사고 싶어지는 병' 에 걸리는 부작용에 시달릴 수 있다.

명품 조리도구는 질 좋은 무쇠, 스테인리스 등의 재료로 만들어진 것들이 대부분이며 다루기 까다롭고 비싸고 무겁지만 평생 쓰고 대를 물려 쓸 수 있으며 무엇보다 음식 맛의 깊이와 때깔이 달라진다고 한다. 그렇다고 실제로 엄마나 할머니한테 물려받아서 압력솥이니 프라이팬이니 하는 것을 쓰고 있는 사람은 보지 못했지만 말이다.

사실 무쇠와 스테인리스 소재에 관심을 갖게 된 것은, 테프론 코팅한 프라이팬이 벗겨질 경우 병을 유발하는 물질이 음식에 녹아나온다는 기사를 보자마자 테프론 코팅냄비를 몽땅 내다버리고 스테인리스 냄비와 프라이팬 7종 세트를 구입한 지 얼마 되지 않아서였다. 음식조리를 편리하게 하기 위해서 알루미늄으로 만든 냄비나 프라이팬에 코팅을 한 제품은 가볍고 편리하긴 하지만 코팅이 벗겨졌을 때의 위험여부에 대한 말이 많다. 테프론 코팅이 결국은 프라스틱의 일종이어서 열과 반응하면 유해물질이 녹아나올 수 있으며 코팅이 벗겨진 프라이팬으로 조리를 하면 알루미늄이 녹아나 더욱 치명적이라고 하는 기사를 보자마자 얼른 버리고 새로 사야겠다는 생각이 들었던 것이다. 테프론 코팅제품이 휘슬러, 컷코, 실리트, WMF( '아엠체' 라고 읽는단다) 등의 유명브랜드의 몇십만원하는 프라이팬에 비해서 월등히 저렴하다고 하더라도 몸에 해가 될 수 있는 위험부담을 안고 있는데다가 이렇게 자주 바꿔줘야 한다면 가격 매리트도 떨어진다는 판단을 했다.

우리네 주방에는 조리기구, 식기, 그리고 식재료에 이르기까지 아주 많은 유해물질과 물건들이 자리잡고 있다. 최근까지 아무 생각 없이 썼던 비닐도 뜨거운 물질을 담으면 유해물질이 녹아나오며 하루에도 몇번씩 자판기에서 뽑아 마시는 종이컵, 플라스틱 도시락 용기, 냉장고 안을 메우고 있는 플라스틱 반찬통, 플라스틱 주걱 역시 환경호르몬의 위협을 받는다. 추억의 냄비 운운하며 쓰는 양은냄비를 비롯해 보온밥솥 안에 들어가는 코팅된 밥솥, 눌어붙지 않아 최고라는 코팅프라이팬 등에 비해 스테인리스, 제대로 유약처리한 도자기, 무쇠로 만든 것들은 한결 안전하다. 특히 무쇠솥이나 무쇠프라이팬은 조리도중 음식물에 철분이 녹아나와 철분을 섭취할 수 있는 장점도 있다. 물론 시중에 나오는 스테인리스나 도자기, 무쇠 제품이라 해서 다 안전한 건 아니라는데 믿을 만한 브랜드를 고르고 생협www.saenghyup.co.kr 등에서 판매하는 것으로 고르면 믿을 수 있다.

단, 스테인리스 팬은 조리중에 음식이 잘 달라붙고 센 불에 표면 자체가 까맣게 그을리기 쉬워서 요리하기가 까다롭고 설거지가 어렵다. 잘 닦아서 광내는 광약까지 따로 팔고 있을 정도. 무쇠는 또 어떤가, 결혼할 때 후배가 선물해준 일식 무쇠냄비는 뚜껑이 나무인데다 둥그스름한 냄비 형태가 예뻐서 기분 좀 내보려고 우동 한번 끓였는데 일반냄비 닦듯이 설거지 하고 넣어놨더니 시뻘겋게 녹이 올라와 있어서 깜짝 놀랐다. 무쇠팬은 한번 쓸 때마다 가스불에 달궈서 완전히 말려야 녹이 슬지 않기 때문이다. 녹슨 무쇠는 철수세미로 박박 문질러 닦아서 다시 불에 달구고 기름칠을 하면 쓸 수 있다지만 다시는 안 쓸 것 같아서 남겼다(그래야 딴 거 또 사지 ^^;). 맞벌이 주부로 주말에나 겨우 요리 같은 요리를 하는데, 조리도구까지 떠받들어가며 쓰기는 마음이 안 내켰던 게 사실이다. 하지만 안전한 요리를 위한 것이니 불편을 감수해야겠다는 생각이 점점 든다. 먹어도 안 죽는다고, 혹은 몰라서 여전히 코팅팬이나 양은냄비, 알루미늄냄비를 쓰는 사람도 있겠지만 더 안전한 조리도구가 있다는 사실을 뻔히 안다면 불편을 감수하게 되는 게 주부의 마음 아닐까?



**저렴한 국산 스테인리스 제품은 품질이 많이 떨어지나?** 냄비 하나에 60만원이 훌쩍 넘는 명품브랜드의 제품과 5만원 안팎의 국산냄비가 두엇이 다르냐고, 음식 맛이 그렇게 많이 차이가 나느냐고 묻는다면 똑 부러지게 한마디로 정의할 순 없다. 스테인리스의 품질만 따지자면 우리나라에서 생산되는 스테인리스가 세계에서도 알아주는 품질이라고 한다. 국산 스테인리스 제품은 가격이 싼 편이지만 우선 디자인 면에서 그 유려함이 조금 떨어지고 손잡이나 뚜껑 등의 부속품의 견고함도 명품브랜드보다는 떨어진다. 가장 중요한 요인은 스테인리스 조리도구의 좋고 나쁨을 따지는 통3중, 통5중 하는 붙이는 기술이 국산이 많이 떨어지기 때문이라고 한다. 아직 휘슬러나 아엠체, 컷코, 실리트는 간 떨려서 못 사는 나로서는 키친플라워, 풍년, 아미쿡, 조이클래드 등의 국산브랜드도 충분히 만족스럽다. 하지만 명품브랜드 가방을 탐내는 마음으로, 여유가 된다면 언젠가는 초고가 브랜드의 프라이팬과 냄비 하나쯤은 지르고 싶어지지 않을까? 얼마나 좋은지 한번 써보고 싶은 마음으로.

BRAND SALE
20%
한국도자기

# 눈이 즐겁다!
# 백화점 주방용품 매장에서 놀기

백화점 주방용품 코너는 결혼한 여자들의 '로망'이다. 하루 종일 거기서 놀면서 들여다보고 만져보면서 '이건 얼마에요?' '저건 어디에 쓰는 물건인고?' 이것저것 묻다보면, 아니아니 다 관두고 그냥 하염없이 앉아 쳐다만 봐도 24시간이 부족할지도 모르겠다. 백화점 주방용품 코너에 갈 때마다 뒤지개 하나부터 명품그릇까지 원스톱으로 쫘악~ 쇼핑해봤으면 하는 꿈을 꾸지만 문제는 돈. 하지만 의류쇼핑과 마찬가지로 주방기구도 세일이란 걸 한다. 옷은 철철이 바뀌기도 하고 세일 좀 했다 치면 사이즈가 없다는 둥 품절이라는 둥 난관이 많지만 주방용품은 딱 찍어놓고 오가며 눈도장 찍으면서 세일을 기다려주시면 된다. 백화점 세일을 활용하면 재수 좋은 어떤 날 명품그릇도 남대문이나 고속터미널 보다 더 싸게 살 수 있다는 사실. 특히 백화점에서 주방용품을 살 때는 가능한 품질 좋고 비싼 브랜드를, 세일을 이용해 사는 것이 남는 장사다.

**백화점에서 놀면서 감각을 업그레이드하라** 백화점에 가면 눈이 높아진다고? 그렇다. 천원숍이나 아울렛에서 싼 맛에 신나게 사 지른 주방용품들은 백화점에서 고급제품을 보고 당장 실망, 아름다운 가게 기증함에 골인하기 일쑤다. 아울렛이나 천원숍 물건이 다 허접하다는 얘기가 아니다. 어떤 사람들은 그런 곳에서도 쏙쏙 귀한 아이템을 싸게 잘도 건져내고 또 어떤 이는 백화점에 가서도 시장물건 같은 것들만 잘도 사온다. 한마디로 안목이 있어야 한다는 얘기다. 요즘 백화점은 불황타개책으로 시장 못지않게 싼 물건과 폭탄세일로 고객을 유혹하는 한편 전에는 보도 듣도 못했던 고가제품으로 매장을 꾸미는 고급화 전략도 함께 취한다. 들어서는 순간 두 눈이 번쩍 뜨이고 심박수가 마구 올라가는 신세계백화점의 유럽생활용품 편집매장 피숀이 예가 될 수 있다(피숀은 네이버에 클럽을 운영, 세일과 판매정보를 얻기 쉽다). 이런데 자주 드나들며 제품 보는 안목, 브랜드, 스타일링 방법 등을 익혀두면 남대문시장, 아울렛, 천원숍에 가서도 프로페셔널한 레이다망을 가동시킬 수 있고 더불어 충동구매도 덜하게 된다(베스트 원을 마음에 품으면 아무리 싸도 다른 물건은 눈에 안 들어온다). 고가 수입브랜드 그릇도 마찬가지다. 국내에 들어온 수입브랜드 그릇의 대부분이 입점해 있는 현대백화점 압구정점과 갤러리아 명품관 같은 곳도 자주 들러보자.

**엘리베이터 앞의 매대 상품을 잡아라** 세일기간이 아니더라도 백화점 엘리베이터 옆 매대에서는 주방용품을 상시 세일한다. 백화점에서만 전용으로 판매하는 그릇과 주방용품인 경우가 대부분. 이 매대상품은 20~50%까지 세일하기 때문에 남대문에서 구입하는 것보다 더 저렴한 경우도 많다. 특히 재고가 몇장 남지 않은 브랜드 그릇, 고급스럽고 독특한 쟁반, 스테인리스 국자나 뒤지개 등은 꼭 눈여겨봐야 할 아이템. 그렇지만 무슨 브랜드인지도 모르고 단지 백화점 매대에 있으니 좋은 줄 알고 구입한 싸구려 디자인 제품은 사봤자 티도 안 난다.

**세일기간, 특별세일 할인쿠폰을 활용하라** 백화점 쇼핑법은 다른 것 없다. 무조건 세일기간, 그리고 그때 발행되는 할인쿠폰을 이용하는 것이다. 백화점에서 우편으로 발송하기도 하고 행사기간에 홈페이지에 접속해 할인쿠폰을 출력해 사용할 수도 있다. 좋아하는 매장에 자주 드나들다 보면 숍마스터가 세일기간을 알려주기도 하고 구하기 힘든 물건이라도 대기리스트를 작성해놓으면 물건이 들어왔을 때 전화로 알려준다. 가끔은 백화점 세일이 남대문수입상가나 고속터미널상가보다 저렴할 때도 있고 브랜드 고별전 같은 행사를 만나기라도 하면 완전히 횡재하는 기분이 된다. 세일기간이라도 브랜드마다 할인기간, 할인율 등이 다를 수 있으니 좋아하는 브랜드는 매장에 자주 들러보는 것이 상책이다.

# 만만한 그릇의 메카
# 남대문 원정기

시장이라고 싼 그릇만을 생각한다면 오산이다. 우리 집에 있는 비싼 조리도구나 그릇들은 대부분 남대문 출신이다. 동대문이나 이태원에서 좋은 옷을 건지듯이, 남대문은 백화점 명품그릇코너를 기웃거리기에는 지갑이 너무 얇은 내게 보물창고나 다름없다. 몇달 전에는 신혼살림으로 마련한 유리주전자가 박살나서 주전자를 사려고 보니, 의외로 주전자의 세계는 편협했다. 마트나 주방용품점에서 판매하는 주전자는 너무 크거나, 너무 작거나, 유치한 그림이 있거나, 손잡이나 뚜껑부분이 싼 티가 났다. 심지어 요즘 잘 나간다는 압구정과 신사동 가로수길의 인테리어 소품숍에 가도 이거다 싶은 게 없었다. 세계적인 디자이너라는, 카림라시드라는 분이 디자인했다는 주전자도 마음에 안 찼다.

안에 차 거름망이 들어 있고 절대 깨지지 않을 1.5리터 정도의 심플한 주전자를 대한민국에서 찾기가 그렇게 어려울 줄은 몰랐다. 주전자 없이 두 달을 넘게 버티며 열 군데 정도의 마트와 인테리어숍을 돌다 결국 '울며 겨자 먹기'로 백화점에 갔는데 딱 마음에 드는 스테인리스 주전자가 12만원. 허걱, 바로 남대문으로 급선회, 도깨비시장에서 주전자를 찾기 시작했다. 아니나 다를까 똑같은 주전자는 7만5천원의 가격에 나를 기다리고 있었다. 백화점에서도 찾아볼 수 없었던 더 예쁜 빨간 법랑주전자도 눈길을 끌었다. 주전자치고는 너무 비싼 거 아닌가 하는 어두운 그림자가 내 마음을 스쳤지만, 그 절반의 가격을 주고 산 뒤 두고두고 후회하는 것보다는 이 주전자를 평생 써주자는 마음이 더 강했다.

내가 마음이 심하게 울적하여 옷 쇼핑으로는 스트레스가 풀리지 않을 때 종종 들리는 남대문 지하상가에는 백화점에 있는 대부분의 그릇과 조리도구, 주방용품 브랜드가 비좁은 통로에 다닥다닥 숨어 있다. 보기만 해도 황홀해지는 갖가지 명품그릇과 주방가전은 둘째치고라도 중국산 저가그릇, 아기자기한 일본

그릇, TV요리프로나 잡지에 등장하는 디자인 독특하고 기발한 아이디어 주방용품들이 가득하다. 백화점이나 일반소매상보다 20~50%까지 저렴한 가격표를 얌전히 붙이고 말이다.

시장은 원래 혼자 다니는 게 원칙이지만 일년에 한두 번쯤 남편과 함께 남대문을 찾는다. 남편이 차례차례 박살내는 유리컵과 주전자 등을 보충하는 것이 주요목적이다. 백화점에 들러 비싼 가격에 반쯤 기절시킨 뒤 남대문에 가면 원래 사고자 하는 것보다 더 많이 사도 잔소리 없이 같이 즐거워해주는 효과가 있기 때문이다. 일단 남대문시장을 돌아다니려면 기운이 있어야 하기 때문에 C동과 E동을 연결하는 통로에 있는 국수집에서 장터국수 한 그릇을 후르륵 먹는다. 목적한 아이템을 찾으러 가는 길 곳곳에 아무렇지도 않게(마치 싼 물건인양) 쌓여 있는 조지루시 보온병이나 밥솥, 휘슬러, 실리트 등의 명품냄비와 조리도구 일체, 너무 예쁜 일본 법랑냄비를 보며 침을 한바가지 흘리고 개당 5천원을 넘지 않는 유리컵 두어 개와 찻잔, 반찬그릇 등을 구입한다. 메인 통로 뒤켠에 있는 앤티크 가구점에서 액자와 가구를 살 것처럼 한참을 만지고 들여다보기도 하다가 숭례문상가로 발걸음을 돌린다. 숭례문상가 지하 1층은 도깨비시장보다 주방용품이 예쁜 것이 많다.

> ▶ 주차시설이 충분하지 않으므로 가급적 대중교통을 이용하는 것이 편리하다.
> ▶ 지하철 4호선 회현역(5번출구)과 각종 버스노선을 이용하면 쉽게 이곳을 찾을 수 있다.
> ▶ 영업시간 오전 8시~오후 5시/일요일 휴무

## 도깨비상가에는 없는 게 없다
### 대도상가 지하 C, E

　　　　　　주부들이 도깨비상가를 가장 많이 찾는 것이 겐조, 레녹스, 로열달튼, 포트메리온, 웨지우드, 쯔비벨무스터, 노리다께 등 고가브랜드 그릇도 E동 지하에서 살 수 있다는 매력 덕분. 가격은 백화점에 비해 20~30% 정도 저렴한 편이다. 때로 명품그릇을 판매하는 매장에서 아주 오래된 재고상품을 매대에 내놓고 균일가에 파는 경우가 있는데 좋은 그릇은 구식디자인이라도 빈티지한 멋이 있기 때문에 한두 개 구입해서 기존의 그릇과 섞어 쓰는 것도 좋다.

　단, 남대문은 시장통로도 좁고 점포마다 물건이 비좁고 위태롭게 쌓여 있어서 쇼핑하기가 쉽지 않다. 점원들도 친절하다고는 할 수 없어서 하염없이 물건을 이것저것 꺼내보며 구경할 만한 환경이 아니다. 따라서 뭐가 좋은지 알아야, 구입하고자 하는 물건을 정해놓고 가야 좋은 물건을 건질 수 있다. 백화점의 그릇코너, 주방용품과 조리도구 코너를 돌아보며 같은 브랜드라도 신제품, 가장 인기 있는 라인이 뭔지 천천히 살펴보며 사고 싶은 물건과 정가를 알아둬야 남대문 쇼핑에서 실패하지 않는다.

　남대문의 기본적인 할인율은 20~40% 정도이다. 하지만 때때로 백화점의 할인매대 상품보다 비싼 것도 있다. 실제로 내가 눈독을 들이고 있는 브랜드 '이딸라'의 접시(너무 비싸서 아직 딱 두 장만 갖고 있다)는 남대문 가격이 백화점에서 할인하고 있던 것보다 비쌌다. 정찰제가 아닌 곳이 많기 때문에 잘 모르고 가면 비싼 가격에 바가지 쓸 염려가 있으므로 주의할 것. 그래도 남대문에서는 자신이 원하는 제품과 브랜드, 예상하고 있는 가격대를 정확하게 제시하면 확실히 깎을 수 있다. 오래된 재고품목은 때로 50~70%까지도 저렴한 제품을 만날 수 있다. 그릇뿐 아니라 각종 주방가전제품과 조리도구도 저렴하게 구입할 수 있다. 휘슬러, 실리트, 베카 등의 독일 유명브랜드 역시 흥정하기에 따라 20~30% 정도 저렴하다. 가장 매력적인 것은 백화점이나 시장에서 구입할 수 없는 아이디어 조리도구가 많다는 것. 코팅팬에서도 마음껏 쓸 수 있는 실리콘주걱이나 계량스푼, 다용도 강판, 마늘다지개, 오리칼, 각종 거름망 등을 저렴하게 판매한다. 커트러리를 비롯, 뒤지개, 국자 등도 세련된 디자인이 많은 것이 장점.

# 널찍해서 쇼핑이 편한
## 숭례문수입상가

숭례문수입상가는 도깨비시장보다 널찍해서 쇼핑하기가 한가롭다. 남대문 쇼핑이 처음이고 어디로 가야할지 도통 감을 잡을 수 없다면 가장 만만하게 도전해볼 수 있는 곳이 바로 숭례문수입상가다. 없는 게 없기로는 이곳도 도깨비시장 못지않아서 그릇, 식료품, 문구, 학용품뿐 아니라 소형생활가전, 카메라, 명품시계까지 구경할 물건이 즐비하다.

도깨비상가를 맴돌다 이곳까지 진출하게 된 연유는 비알레띠 모카포트를 구입하기 위해서였다. 1백만원을 육박하는 에스프레소 머신을 눈물 머금고 포기하고 가스불에 올려서 커피를 추출하는 모카포트를 동생에게 뜯어낼 작정이었다. 쇼핑을 좋아하는 나로서도 참아야겠다 싶은 순간이 오면 꼭 갖고 싶은 물건을 식구들에게 생일선물로 받는(물건은 내가 사고 돈은 나중에 받는) 좋은 습관이 있다. 이에 대한 식구들의 반응은 '물건 안 골라도 되니 편해서 좋다'와 '생일 석 달 전부터 생일선물 타령을 하다니 웃긴다'로 나뉜다. 하여튼 인터넷에서 비알레띠 중에서도 커피 크레마가 잘 추출된다는 '브리카' 모델을 2인용으로 구입하려고 보니 가격은 무려 8만원대. 그래서 물어물어 숭례문수입상가에 들어섰고 1층 구석의 커피용품 전문점에서 거의 반값인 4만원대의 가격에 구입했다.

이곳의 그릇은 대도상가만큼 다양하진 않지만 다른 곳에서는 쉽게 찾아볼 수 없는 보덤의 베이킹 오븐팬이나 인터넷사이트에서 인기폭발중인 일본 법랑접시들, 하나자기와 아올다 등을 비롯한 광주요그릇,

백화점 매장보다 더 큰 포트메리온 매장 등에서 차분하게 구경할 수 있다. 그리고 브라반티아, 실리트, 보쉬, 휘슬러 등의 제품을 판매하는 유명사도 들러볼 만한 곳. 인터넷사이트 youmyungsa.com에서는 종종 파격 세일과 기획전 등을 연다.

거버 보디워시와 아비노 로션, 댕기머리 샴푸, 케라스타즈 등 보디관련 화장품도 눈에 띈다. 숭례문 지하에서 놓치지 말아야 할 것이 타파웨어의 각종 밀폐용기들. 그외에도 도마, 칼 종류에서 기본케이크틀, 쿠키모형틀, 거품기, 계량컵, 계량스푼, 저울 등 요리와 베이킹에 필요한 기구들이 오밀조밀 모여 있다.



새벽에도 갈 수 있어 직장인에게 추천, 동대문시장 주방용품이나 인테리어 소품보다는 패션아이템이 강세인 동대문시장이지만 쇼핑몰 꼭대기매장에 위치한 인테리어숍에 가면 각종 그릇과 주방용품을 싸게 살 수 있다.

**밀리오레 8층** 한국도자기, 행남도자기, 코렐 등의 제품을 40% 저렴하게 판매한다. 키친아트, 셰프라인 등의 조리도구도 저렴하다.

**두산타워 7층** 두산기업의 건물인 만큼, 두산파카 크리스털 본사 매장이 있어 백화점보다 20% 저렴하게 판매하며 디자인 예쁘고 저렴하기로 소문난 이케아매장도 있다. 1천원대의 저렴하면서 알찬 생활용품 총집합한 다이소, 광주요 서울총판장인 행복찾기숍이 있다.

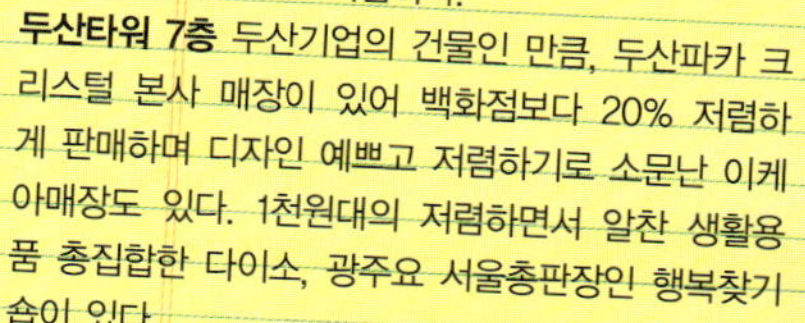

## 명품도 헐값 되는
## 인터넷 주방용품의 세계

**사이트 귀신이 되면, 최저가의 안목이 생기더라고** 잘만 하면 주방용품을 대한민국에서 제일 싸게 살 수 있지만 잘못하면 심각한 안구건조와 수근터널증후군, 그리고 호환마마보다 더 무섭다는 쇼핑중독 증을 유발할 수 있는 곳. 어디서 그렇게 예쁜 물건들을 쏙쏙 뽑아다놨는지, 단골 주방용품 사이트에 괜히 한번 들어가봤다가 뭔가에 필이 확 꽂혀서 살 필요도 없는 물건의 최저가를 찾아 윈도 창을 열두 개쯤 열 어놓고 이 사이트 저 사이트를 넘나들다 보면 시간은 '쏘아놓은 화살' 같이 흐르고 밤은 깊어졌다 다시 밝아지며 급기야 컴퓨터는 다운된다. 하지만 좋은 걸 어쩌랴! 대한민국 최저가 도전!
내게 인터넷쇼핑의 길을 열어준 것은 결혼이다. 아무리 돈 쓰는 재미가 있다지만 이리저리 돌아다니며 주 방용품을 사는 것이 귀찮아서 차라리 책상 앞에 앉아 손가락과 안구를 혹사시키자고 결심한 것이 시초였 다. 그렇게 각종 조리도구와 그릇, 주방 소품을 하나하나 인터넷을 통해 사들이기 시작했다. 요즘은 같은 물건을 누가누가 싸게 사나 내기라도 하듯 쇼핑한 것을 사진 찍어서 자랑하고 세일이나 쿠폰정보 등 알짜 같은 쇼핑정보를 공유하는 몇몇 주부커뮤니티사이트에 가입해서 쇼핑정보를 얻기도 한다. 잡지를 볼 때 도 유명스타일리스트 등이 추천한 사이트는 메모해두었다가 꼭 들어가본다.

**뭐, 브랜드의 플랫웨어를 단돈 몇천원에 살 수 있다고? Yes!** 특정 사이트는 아니지만 G마켓이 나 옥션 같은 곳은 주방용품을 사고자 할 때 항상 들어가서 체크해보는 사이트다. 워낙 다양한 판매자가 모여 있어서 가끔은 진짜 헐값으로 횡재하는 경우가 있으니까. 옥션과 G마켓을 사랑하게 된 것은 고가의 해외브랜드 커트러리 세트와 조리도구나 스테인리스 제품을 완전 헐값에 처리하는 판매자를 슬쩍 알려준

한 친구 덕이었다(무조건 2500원의 배송료가 붙기 때문에 같이 사면 배송료를 아낄 수 있고 무엇보다 기뻐해줄 공범자를 찾던 그녀의 레이다망에 내가 딱 걸린 것이다).

도나헤이나 리얼심플 같은 외국잡지에서 구경만 하며 침을 질질 흘리던 레녹스, WMF, 벤돌프, 그 비싸다는 웨딩드레스를 만드는 베라왕 같은 브랜드의 플랫웨어를 단돈 몇천원에 살 수 있다니 우리 둘은 수첩을 꺼내 리스트까지 작성하며 물건을 샀다. 그렇게 4천원에 산 헨켈 토마토 나이프와 랄프로렌, 레녹스 플랫웨어(미트포크. 나이프. 스푼. 샐러드포크. 디저트스푼 세트에 1만2천원에 샀는데 두 군데나 되는 다른 사이트에서 8만원에, 그것도 세일가라며 팔리고 있는 것을 보고 우리는 두 손을 맞잡고 기쁨의 댄스를 췄다), 알레시 케익서버 등등은 만날 때마다 흐뭇함을 공유하며 지금까지도 잘 쓰고 있다.

**최저가 검색으로 시장조사를 충분히 하라** 기억할 것은 오프라인에 있는 물건은 온라인에도 거의 다 있다는 것. 백화점이나 인테리어숍에서 탐나는 물건을 보면 점원의 꼬심 플러스 눈앞에 드러난 실물의 자태에 폭 빠져서 그만 가격비교도 안하고 홀딱 사버릴 때가 많다. 정식 수입되지 않은 물건이라도 옥션이나 지마켓에 들어와 있는 무수히 많은 판매자 중에 한 사람이라도 팔고 있을지 모른다.

인터넷으로 최저가 검색을 해보고 시장조사를 한 뒤에 가서 사도 늦지 않다. 주방용품과 인테리어 소품을 파는 사이트도 잘 들여다보면 대박 세일기간에 외국사이트 혹은 현지에서 구입한 것이나 기프트세트로 특별히 저렴하게 판매하는 고가브랜드 제품(혹은 남대문 수입상가에서 사온 것들도 있어서 남대문이 더 저렴한 경우도 있다)을 팔고 있는 경우가 종종 있다. 명품그릇이나 국내브랜드 주방용품도 마찬가지. 명품그릇은 티포트나 접시 등 단품위주로 백화점보다 저렴하게 구입할 수 있다.

**마음에 드는 숍은 즐겨찾기로 해두라** 인터넷쇼핑의 최대장점은 안방에 앉아 편하고 싸게 물건을 살 수 있다는 데 있다. 그리고 또 한가지는 수많은 사이트의 수많은 개성을 가진 MD들이 동대문 남대문 시장은 물론 가까운 일본부터 머나먼 유럽까지 나가서 사온 멋진 물건을 구경하는 일이다. 서핑을 하다가 마음에 드는 사이트를 발견하면 반드시 북마크를 하고 회원가입을 해둔다. 이렇게 하면 클리어런스 세일을 하거나 깜짝 세일을 할 때 메일이나 문자메시지로 알려주는데 그때 재빨리 들어가서 평소에 사야겠다고 벼르던 물건을 살펴본다.

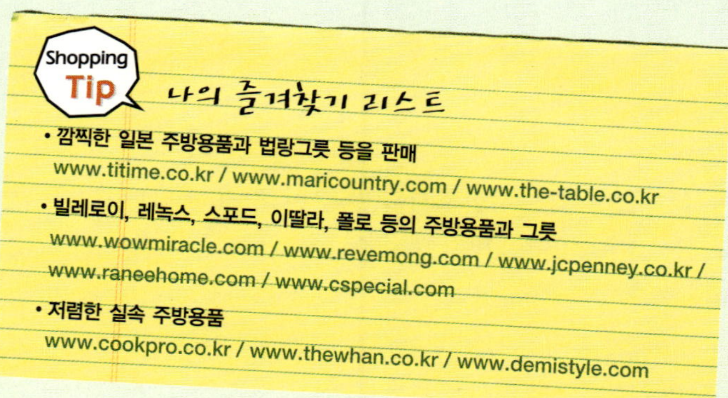

일명 명품그릇, 고가의 수입그릇은 자신의 취향이 확실하게 세워지지 않는 한 구입하지 않는 것이 좋다고 생각한다. 좋고 싫음은 워낙 잘 변하는 것이라, 오래두고 볼 것에 대한 취향만큼은 다양한 것들을 접해 아는 것도 많아지고 나이도 좀 든 다음에야 확고해지는 것 같다. 또한 잘 알려진 외국 명품그릇들은 플랫접시 위주라 국물이 자작하게 있는 한식을 담기도 애매하고 무늬가 화려해 음식과 잘 어울리지 않아 그릇장에 모셔두는 경우가 많다. 그릇장에 모셔두고 쓸 요량이라면 아예 티포트와 찻잔, 설탕프림기 세트위주로 구입하는 것이 실속 있다. (참고로 나의 위시리스트는 로얄코펜하겐의 화이트레이스시리즈 티포트세트. 단아하니 예쁘고, 평생 써도 안 질릴 것 같다. 현재 모으고 있는 것은 웨지우드, 빌레로이앤보호, 스포드 등 명품브랜드의 머그컵. 하나씩 구입하면 개당 3만원선으로 그리 부담스럽지 않고 세트가 아니어도 모아두면 나름 컬렉션이 된다). 또한 명품그릇에 외국브랜드만 들어가는 것이 아니라 우리나라 생활자기도 명품대열에 들어간다. 가격으로 보나 품위로 보나 그렇다. 그런데 문제는 서양 그릇을 잔뜩 구입해서 싱크대를 꽉 채우고 난 뒤 우리나라 작가의 투박한 생활자기가 눈에 들어오는 것이 아닌가! 그러니 명품그릇 구입은 분위기에 휩쓸리기보다는(이상하게 여러 사람이 '이게 예쁘고 좋다' 고 열광하면 군중심리가 작용해서 웬만큼 확고한 취향이 정해져 있지 않는 한 대중의 취향에 휩쓸리게 된다) 시류에서 한발짝 떨어져서 내 취향에 대해 곰곰이 생각한 후 구입을 보류해도 좋다고 생각한다.

**▶ 백화점 세일** 백화점은 세일기간을 이용하면 20%정도 저렴하게 살 수 있다. 가끔은 백화점 세일이 남대문수입상가나 고속터미널상가보다 저렴할 때도 있고 브랜드 고별전 같은 행사를 만나기라도 하면 완전히 횡재하는 기분이 된다. 백화점 세일기간이라도 브랜드마다 할인기간, 할인율 등이 다를 수 있으니 좋아하는 브랜드는 매장에 자주 들러보는 것이 상책이다.

**▶ 남대문수입상가** 수입그릇은 남대문 대도수입상가(도깨비시장)에 가면 20%에서 많게는 50%까지 싸게 살 수 있다. 숭례문수입상가는 명품그릇보다는 보덤이나 타파웨어 등 좋은 품질에 막 쓰기 편한 것들이 더 많다. 명품브랜드를 구입할 때는 프린트를 꼼꼼히 살펴보고 벗겨진 곳이 없는지 잘 살펴보고 사야 한다.

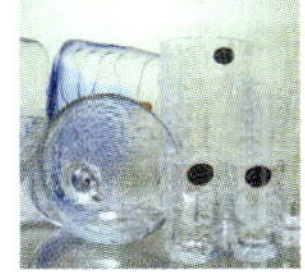

**▶ 고속터미널지하상가** 명품그릇을 세트로 다량 구비해놓고 판매하는 곳은 찾기 힘들지만 커피잔세트 등은 심심찮게 찾아볼 수 있다. 주부들이 좋아하는 쯔비벨 무스터나 모던한 디자인의 이딸라 제품, 호가나스, 구찌니 등을 구입할 수 있다.

**▶ 코스트코 홀세일** 회원제 마트(1년에 4만원 가량의 회비를 내야 한다)인 코스트코 홀세일은 브랜드가 다양하지 않지만 노리다께, 르크루제, 로얄알버트, 코렐, 웨지우드, 휘슬러 등의 제품이 가끔씩 세트단위로 들어오는 경우가 있다. 코스트코에서 직수입하는 경우가 많아 웬만한 백화점이나 남대문 가격보다 저렴하다는 평.

# 싸고, 많이 주고, 할부되는
# 홈쇼핑 주방용품

TV채널을 돌리다보니 주서, 슬라이서, 믹서가 한꺼번에 된다는 제품설명이 나오고 있다. 거짓말처럼 채널을 한 손에 들고 입을 반쯤 벌린 채 그 현란한 사용법의 세계로 빠져들어간다. 제품을 설명하는 사람은 단무지 하나를 고른 간격으로 순식간에 슥슥 썰더니 당근과 무도 곱게 채 썬다. 밥에 야채와 물을 조금 넣고 죽을 뚝딱 만든다. 부침반죽도, 찰떡같이 쭉쭉 늘어나는 수제비 반죽도, 찌꺼기 없이 곱게 나오는 주스도 30초 만에 만들어 내놓는다. 나는 넋을 놓고 그 신기하고 마술 같은 손놀림을 바라보다가 '저걸 하나 사?' 하는 파블로프의 반사적인 생각에 사로잡힌다. 요리를 제대로 배우지 않아 어설픈 칼질과 오랜 시간 요리에 투자하기에는 너무 바쁜(그래도 밤잠 안 자고 쇼핑질하는) 나에게 무지무지 도움이 될 것 같다.

**'마감이 얼마 남지 않았다'는 멘트에 충동구매하지 마라** 사실 김치 한번 담근 적 없는 나지만 해변이나 계곡에 놀러 가서 둥글고 잘생긴 돌만 보면 '저걸 김치독(물론 집에 김치독은 없다) 누름돌로 쓰게 몇 개 집어가?' 하는 생각을 할 정도로 주방살림에 욕심 많은 내가 지름신을 제일 경계하는 것이 홈쇼핑 주방상품이다. 한 시간 가까이 그 상품만 선전하며 유혹을 하니 안 넘어가고는 못 배기겠는 것이다. '만능 000'만 홈쇼핑에 등장하면 우리 집에 남대문을 다 뒤져서 구입한 일제벤리나 만능채칼도 있고, 믹서도 있고, 주스 정도는 가뿐히 만들어주는 도깨비방망이와 반죽과 발효까지 해주는 제빵기가 있다는 사실을 잊어버리고 싶을 정도다. "오늘만 특별가격입니다!" "마감이 얼마 남지 않았습니다!" "주문전화가 폭주하고 있어요!" 등의 쇼핑호스트 멘트를 듣고 있노라면 저절로 손이 전화기와 지갑 속 카드로 뻗치게 된다. 무이자할부도 롱롱타임으로 해주시고(한달에 만원도 안되는 돈을 내면 내 것이 된다) 말이다. 그렇지만 쇼퍼홀릭인 나는 장하게도 사지 않는다. 홈쇼핑할 때 가장 주의해야 할 '예고 없이 보게 된 방송에 충동구매하지 않기'와 '무이자할부에 넘어가지 않기' 원칙을 간신히 떠올렸기 때문이다.

**이왕이면 무이자할부를 활용하라** 사실 홈쇼핑에서 판매하는 주방용품 중에 가장 혹하는 것은 백화점이나 마트에서 쉽게 살 수 있는 것이 아니라 홈쇼핑이나 인터넷쇼핑몰에서 구입할 수 있는 제품들로, 멀티기능을 갖추고 있어 현란한 음식솜씨를 자랑할 수 있는 아이디어 주방용품이다.

마음먹고 쇼핑하려고 인터넷을 뒤지는 게 아니라 빨래 개고, 마루 닦다가 문득 눈을 들어보면 TV에서 손짓하는 애들을 피하기란 참으로 쉽지 않다. 모 홈쇼핑의 콜센터에서 3년간 근무했던 사촌동생은 주문량이 많지만 반품과 클레임 또한 많은 것이 옷과 아이디어 주방용품이라고 했다. 심지어 물건을 받아서 뜯어보지도 않은 채 택배기사에게 그대로 돌려보내는 일도 부지기수라고 했다(이런 쇼핑광들 같으니라구). 홈쇼핑은 그 마술 같은 요리시연과 쇼핑호스트의 말에 홀려 자기도 모르게(믿어달라!) 주문을 했다가 물건이 도착할 때쯤 정신을 차리고 돌려보내는 것이다.

하지만 이름없는 중소업체의 물건이 아이디어 하나로 스타가 되기도 하고, 덤으로 주는 사은품이 본 품보다 탐나도록 덤이 쏠쏠한, 10개월 무이자할부라는 이 매력덩어리를 잘만 활용하면 주방살림이 쉬워지는 것은 사실이다. 특히 귀여운 주방가전제품들의 진화를 보고 있노라면 새 살림을 장만하는 사람들은 얼마나 좋을까, 하는 철없는 생각을 하게 된다.

**'특별가' '쿠폰' '적립금'을 적극 활용하라** 전화해서 상담원과 통화하는 것보다는 ARS번호를 누르는 것이, 생방송 도중 인터넷쇼핑몰을 활용하는 것이 적립이나 할인혜택 면에서 좋다. 특히 생방송 중에 인터넷으로 구입하면 추가 적립혜택도 받을 수 있다. 특별할인하거나 보너스 상품이 빵빵한 제품을 모아둔 쇼핑기획전을 찬찬히 둘러볼 수 있어 저렴한 가격에 구입할 수도 있다. 인터넷에서 시시때때로 뿌려지는 5~12% 정도의 할인쿠폰은 필요한 물건을 더 저렴하게 샀다는 뿌듯함에 빠지게 한다. 그리고 구입하기 전, 인터넷으로 제품의 최저가를 확인한다. 홈쇼핑에서 특별가, 쿠폰, 적립금, 제휴카드할인까지 몽땅 동원했다고 해도 인터넷사이트보다 비쌀 수 있다. 가격비교사이트 중 에누리닷컴이 가장 보기 편리하다.

**덤으로 주는 상품에 혹하지 마라** '상품가 5만원의 보너스 상품을 덤으로 주기 때문에 이 물건을 원래가격인 25만원이 아니라 20만원에 구입하는 효과'라는 방송용 멘트는 잊자. 사려고 벼르던 물건을 덤으로 받으면 노다지라도 캔 것처럼 좋긴 하지만, 꼭 필요한 것이 아니라면 끼워주는 물건 때문에 상품구입을 하면 안된다. 방송시에만 준다는 갖가지 추가구성(요리책, 소스통, 대용량 컵) 등의 부가서비스 같은 공짜물건을 포기할 수 없어 충동적으로 물건을 지르다가는 살림 거덜나는 것은 시간문제다. 이렇게 덤으로 받은 것들은 주방에서 제자리를 못 찾고 찬밥신세가 되다가 1~2년 안에 재활용 분리수거통으로 가기 일쑤다.

**방송시간을 체크하라** 홈쇼핑에서 판매하는 제품을 구입하고 싶을 때 충동구매를 하지 않으려면 방송 시간대를 미리 알아보는 것이 도움된다. TV를 켠다고 해서 내가 원하는 상품을 매일 방송하고 있는 것은 아니기 때문이다. 대부분의 홈쇼핑 인터넷사이트에는 방송시간표를 친절히 알려주는 코너가 있는데 GS 홈쇼핑의 경우 휴대폰 폰알리미 등록을 하면 방송 1시간 전에 문자메시지로 알려준다. 홈쇼핑 광고 속의 그녀처럼 약속도 못 잡고 집에서 대기하고 있지 않아도 된다는 말씀. 언제 어디서나 전화만 있으면 방송 을 보고 있지 않더라도 원하는 물건을 주문할 수 있는 것이다. 방송할 때 못 샀다고 상심하지 말 것. 잘나 가는 물건에 품절이란 없다. 방송은 쭈~욱 계속되고 인터넷 홈쇼핑도 기다리고 있다. 홈쇼핑 쪽과의 계 약 때문에 바로 인터넷쇼핑몰에 물건이 풀리지는 않지만 조금만 기다리면 더 저렴한 가격에 인터넷쇼핑 몰에서도 구입할 수 있는 것이 대부분이다.

# 작은 만물상 고속터미널
# 한산지하상가

잡지코디네이터들이 가장 자주 드나드는 그릇과 인테리어 소품거리가 있다면 그게 바로 고속버스터미널지하 한산지하상가다. 적당히 고급스러우면서 단아한 그릇과 캐주얼하게 쓸 수 있는 저렴한 주방용품점들이 집중적으로 늘어서 있기 때문이다. 뭘 사야 좋을지 모를 정도로 물건이나 숍이 많지 않은 것도 한산지하상가 쇼핑의 장점. 남대문처럼 눈에 불을 켜고 고르지 않아도 디자인이나 품질이 기본 이상은 하는 것들만 갖춰놓았기 때문이다. 인테리어나 요리촬영을 하기 전 코디네이터와 촬영용 제품을 고르러 먼저 이곳 지하상가를 쭉 돌아보고 꽃상가 쪽 입구로 나가서 홈에버에 들르는 것이 코스였다. 그만큼 사진발 잘 받고 트렌디한 물건이 많다는 뜻. 간혹 명품브랜드 그릇을 백화점보다 저렴하게 판매하는 곳도 있으며, 쯔비벨무스터나 겐조 등의 카피그릇을 저렴하게 팔기도 한다.

▶ 오전 10시~오후 8시까지 영업하고 쉬는 날은 일정하지 않다. 공휴일은 대부분 오후에 문을 연다.

**매대 세일을 놓치지 마라** 그릇가게나 주방용품 매장을 지나다니다 보면 매대에 균일가 제품을 판매하는 상점이 꼭 한두 군데는 있다. 막 쓰기 편한 화이트 그릇, 나무수저와 젓가락 등을 균일가 1천원에 판매하는 걸 보면 사이즈별로 짝수로 구입해도 후회 없다. 이곳의 그릇가게는 중국이나 베트남에서 떼어오는 것도 있지만 대부분 자체 공장에서 직접 생산, 판매하는 중소브랜드인 경우가 많아 품질도 괜찮고 가격도 저렴하다.

**생활자기에 주목하라** 한식기의 단아한 분위기가 좋지만 '작가님이 구우신' 무겁고 비싼 작품은 부담스럽다고 생각한다면 한산지하상가의 생활자기가 반가울 것이다. 터미널의 특징 중의 하나가 백자, 청자, 토기로 제작된 생활도자기 및 인테리어용 도자기, 식기, 다기, 목기, 테이블웨어용 소품 등이 많다는 것. 옻칠한 나무수저와 젠스타일의 나무쟁반 등은 이곳 터미널이 최고의 쇼핑플레이스다. 예랑(마열 16호), 단고재 등을 놓치지 말 것.

**독특한 앤티크 그릇과 장식용 접시** 코디네이터들이 자주 찾는다는 것은 평범하지 않은 멋진 물건을 만날 수 있다는 말과 통한다. 가격은 조금 비싸지만 국내에서는 보기 힘든 화려하고 세련된 색감의 그릇류를 찾을 수 있어 독특한 그릇을 원하는 사람들은 꼭 들러보면 좋다. 백화점에서도, 일반도매시장에서도 찾을 수 없는 유럽풍의 독특하고 화려한 그릇은 집안을 클래식하게 꾸며놓기 좋아하는 사람에게 추천. 외국 유명식기 역시 백화점보다 저렴하다.

My shopping list

휘슬러의 변천사는 주방용품의 발달사다
―게오르크 탈러(주방용품 휘슬러 CEO)

# part 4
# Food

유기농, 친환경, 일식삼찬, 베이킹, 저장식품, 된장과 고추장의 절묘한 화음

>> 사는 것보다 끝까지 잘 쓰는 것이 진정한 기술!

싸게 사느냐가 중요한 게 아니라,
산 것을 얼마나 보관을 잘해, 끝까지 먹느냐가
알뜰 쇼핑의 관건이다

영양실조 자취녀에서 엥겔지수 150의 막가파 주부가 되기까지의 생활을 고백해보고자 한다. 한달에 반 정도는 새벽 3~4시에 일이 끝나서 집에 들어와 쓰러져 자다가 다시 회사에 출근해야 하는 자취생활자의 식생활은 처참하기 그지없다. 냉동실에는 만두(이제 너무 질려서 냉동만두를 사먹지 않지만, 삼포김치왕만두가 제일 맛있었다), 냉장실에는 구제할 길 없이 말라 비틀어져가는 자투리 야채와 신김치, 물뿐이다. 두부, 우유, 야채 등의 신선식품은 쇼핑할 시간도, 제때 먹어치울 시간도 없다. 싱크대 안에는 라면이 있는데 그나마도 설거지와 조리시간을 단축해주는 컵라면이 쌓여 있다. 젓가락은 당근 일회용 나무젓가락. 집 근처의 중국집, 통닭집, 피자집에서는 "여기 263-2번…"이라고 운만 떼도 주문할 메뉴까지 알아맞힐 정도다. 때로 수챗구멍에서 콩나물이 무럭무럭 자라는 생활(결명자차를 끓여 먹고 버린 결명자가 수챗구멍에서 싹을 틔웠을 때 그 대단한 생명력에 경의를 표했던 기억이 난다)을 3~4년쯤 하다보면 된장국, 김치찌개, 두부조림, 나물무침 등으로 구성된 '엄마가 해주는 밥'의 나날을 뼈에 사무치게 그리워하게 된다. 그래서 결혼과 동시에 밥을 해야 하는 상황에 직면했을 때, 스스로의 필요에 의해서 열심히 요리를 시작했다. 회사에서 사먹는 건 어쩔 수 없지만 집에서는 외식하지 않기로 남몰래 다짐하고 식료품 쇼핑과 요리의 길에 접어들었다.

문제는 주말만 밥해먹는 사람치고는 2인분의 식료품 구입비가 너무 높다는 것. 금요일 저녁 킴스클럽

4만원, 토요일 점심 코스트코 홀세일 28만원(여기엔 와인 4병과 맥주 한짝 포함 ㅜ.ㅜ), 토요일 오후 동네시장 2만3천원 하는 식으로 마구 사들이다보니 냉장고에서 음식은 썩어나가고 냉동실도 미어터지기 일보직전이었다. 그래도 누가 '뭐 좋다, 맛있다'고 하면 지나치지 못하고 사들였다. 게다가 한번 해먹고 남은 음식은 절대로 못 버려서 '다음에 먹어야지' 하면서 냉장고에 넣었다가 다다음주쯤 꺼내보고는 슬그머니 버리기 일쑤.

엥겔지수가 150쯤으로 치달아가면서 슬슬 스트레스를 받자 친정엄마와 전화통화할 때마다 "돈 없다, 돈 없어"를 연발하게 되었고 "허투루 쓰는 것도 없는데 자꾸 돈이 없다. 옷도, 구두도, 가방도 살 돈이 없어서 곧 죽을지도 모른다"고까지 징징대자 엄마는 가계부를 쓰라고 했다. 끈기가 없는 나이지만 작정하고 한달 가계부를 써보니 온통 식비였다. 헉, 차라리 외식을 하는 게 백 배는 싸게 먹히겠다! 원인은 역시 장보기 리스트도 없이 마트에 가서 '필요할 것 같은 느낌이 팍팍 드는 것'과 '싸니까 용량이 많은 것으로 사자'는 계획성 없는 쇼핑습관이었다.

해결방법은 딱 하나였다. 대형마트는 일주일에 두세 번이 아니라 한달에 한번만 갈 것(이제 차차 줄여서 세 달에 두 번 꼴로 가도 충분하다). 가서는 카드가 아니라 현금으로 결제할 것. 카드로 15만원 긋는 건 눈 하나 깜짝 안하지만, 지갑에서 현금 꺼내서 세다보면 카트에 집어든 물건을 다시 내려놓기가 수월해진다. 또 본격적인 쇼핑은 동네시장과 마트를 활용해서 음식을 해먹을 때마다 구입할 것. 엄마를 비롯 대부분의 요리선생님들은 두 사람이 한두 끼 먹을 음식을 하는 경우가 많으니까 마트에서 용량이 많은 식료품을 구입하기보다 비슷한 가격에 양이 반쯤 적은 유기농 식품을 구입해서 먹는 게 낫다고 조언해주었다. 식료품 쇼핑은 먹지 못하고 버리는 재료의 비율을 0%로 줄여나가는 것이 가장 큰 노하우라는 것이다.

# 다양한 루트뚫기,
# 식품 쇼핑의 기본법칙

## 하나, 싼 것보다 좋은 것에 올인하라

　　내가 '웰빙홀릭'에다가 '우리식단 맹신주의자' '조미료 안 쓰기 운동 자발참여자'가 된 것은 한 10년쯤 밖에서 사먹는 음식의 자극적인 맛과 조미료 냄새에 질렸기 때문이다. 지금도 여전히 일주일에 5~6일은 외식생활을 하지만 내 손으로 조미료 안 쓰고 만들어 먹는 음식의 소중함을 알기에 한가지 재료를 사더라도 신경 써서 고르려고 한다(어차피 김치와 저장식품을 제외하고 밥 먹을 때 새로 만드는 반찬은 한두 가지가 고작이다). CJ식품회사에 다니는 아는 사람이 두부와 콩나물 시장조사를 쭉 돌아다니며 제조공정을 본 뒤 두부와 콩나물만큼은 시장 것 말고 케이스 안에 들은 브랜드 걸로 사먹으라고 신신당부한 말을 들은 뒤에는 더욱 그렇다.

　　그렇다고 꼭 브랜드나 유기농 제품에 집착할 필요는 없다. 환경적으로 우리나라는 완벽한 유기농 농법을 고집하기가 어렵다보니 다른 것보다 농약 덜 치겠거니 생각하고 먹는 것이 속 편하다(시골에서 농사짓는 주변 분의 말을 들어보면 집에서 먹으려고 따로 키우는 것도 농약을 안 치면 수확을 할 수가 없어서 한두 번은 농약을 치게 된다고 한다). 다 그런 건 아니겠지만 하도 먹을 것에 장난치는 사람이 많은 세상이다 보니 푸드 쇼핑은 믿을 만한 다양한 루트를 확보하는 것이 가장 중요하다.

그래도 꼭 유기농으로 구입하면 좋은 것은 다음과 같다.

상추, 풋고추, 오이, 깻잎 등 쌈채소와 각종 야채는 유기농이 맛있고 믿을 만하다(유기농도 못 믿겠다며 '초음파살균세척기'를 장만해서 쓰는 사람도 있겠지만 직접 농사짓고 메주 띄우며 살 게 아니라면 믿고 사먹는 수밖에). 식초 역시 유기농으로 구입하면 음식 맛을 달라지게 하는 일등공신 노릇을 한다. 우리나라 브랜드의 유기농 식초와 일본산 타먹는 식초, 발사믹 식초는 유기농 맛이 진하고 풍미가 좋아서 조금만 넣어도 맛이 제대로 난다. 특히 발사믹 식초는 25년 정도 숙성된 것이 진짜고 10년산은 포도식초와 섞은 것이라고 한다. 물론 포도식초와 섞은 것에 비해 진짜 발사믹 식초의 맛과 풍미가 훠~얼~씬 뛰어나다.


## 둘, 다양한 루트를 만들어라

살림꾼으로 유명한 SBS아나운서 윤영미씨의 수첩을 들여다보고 깜짝 놀란 적이 있다. 토마토, 생선, 고기, 쌀, 과일 등의 식품생산자와 직거래할 수 있는 전화번호가 빼곡이 적혀 있었다. 같은 유기농 토마토라도 맛있게 만드는 사람이 따로 있다는 생각에 전국을 돌아다니며 생산자를 취재하는 프로그램을 맡았을 때, 일일이 전화번호를 물어와 택배로 물건을 받아먹고 있었다. 그 정

도까지는 아니지만 아무리 낯가리는 나도 새로 이사를 가면 이웃의 살림 잘할 것 같아 보이는 아줌마(이런 '포스'가 진정 있다구요~)나 부녀회장님에게 맛있는 고기 파는 정육점과 시장정보를 먼저 묻는다. 특히 정육점과는 잘 친해두면 좋은 고기가 들어왔거나 고기를 막 잡아와 평소에 구할 수 없는 부위가 있을 때 전화로 알려주기도 한다. 식품은 인맥을 활발히 활용하는 분야로 가장 기본은 식품 쇼핑경력이 몇십년씩 되는 친정엄마와 시어머니께 여쭤보는 것이다. 그리고 주변의 살림하는 사람들이나 인터넷동호회 등을 잘만 활용하면 어디에서 뭘 사고 어디의 뭐가 맛있는지 꿰어 자신의 식생활에 맞는 쇼핑루트를 만드는 게 쉬워진다.

마트는 공산품을 구입하기 좋은 곳. 밀가루, 라면, 주스, 소스 일상용품 등을 주로 구입한다.

식품매대가 가장 좋다고 정평이 난 이마트가 가장 무난한데, 특히 수입고기가 품질과 가격 대비해서 좋은 것이 많다. 수입농산물은 코스트코가 용량대비 가장 저렴하다.

농협 하나로마트가 근처에 있다면 적극적으로 다닐 것을 권한다. 하나로마트는 생산자에게 일일이 납품받는 게 아니라 밭떼기로 대량매수를 하기 때문에 유기농 제품을 비롯한 식품이 저렴한데, 특히 유기농이 다른 곳보다 많이 싸다. 이외에도 한우, 쌀, 잡곡, 참기름 등은 품질대비 가격이 좋고 믿을 만한 쇼핑플레이스다. 하지만 과일수산물 등은 다른 마트나 동네가 저렴한 경우가 많다고 하니 가격비교는 필수.

내가 '웰빙홀릭'에다가 '우리식단 맹신주의자' '조미료 안쓰기 운동 자발참여자'가
된 것은 한 10년쯤 밖에서 사먹는 음식의 자극적인 맛과 조미료 냄새에 질렸기
때문이다. "글쎄, 식품은 싼 것보다 좋은 것을 먹는것에 있다니깐…"

백화점은 같은 품질이라도 유기농 마크가 붙은 것들이 비싸다. 하지만 유기농 아닌 것은 가격이 거의 비슷하므로 전단지에서 스팟세일을 하거나 타임서비스를 하는 시간에 가면 좋은 물건을 저렴하게 건질 수 있다. 백화점은 확실히 마트보다는 가격이 조금 비싸지만 과일이나 고기 등의 품질이 훨씬 좋아 선물용 과일을 고르거나 손님상 치를 때 고기를 끊으러 가기도 한다. 현대백화점 압구정점과 롯데본점은 지하 마트 규모가 커서 다양한 외국소스와 식재료를 구경하기가 즐겁다. 신세계는 조리음식과 빵이 맛있기로 소문났는데, 물론 가격은 비싸지만 마감시간의 반액세일이나 1+1세일 때 뛰어들어가 반찬이나 떨이빵을 구입하면 좋다.

직거래는 믿을 만한 좋은 물건을 구입하는 베스트 노하우. 음식 맛은 장맛이라고 된장과 고추장을 직접 만드는 사람은 천주교 성당에서 수녀님들이 직접 콩을 길러 메주를 쒀서 판매하는 것을 구입하면 좋다. 신도가 아니어도 성당 다니는 사람에게 부탁해서 판매하는 날짜를 알아서 가면 된다. 고추장용 메주는 농협 것이 가장 무난하다.

고춧가루는 경동시장이 가장 저렴한데 지난해 묵은 것을 섞거나 중국산을 섞어 판다는 말이 많아서 인맥을 동원해 고추 농사짓는 사람을 수소문하라. 가격이 더 저렴하지는 않지만 알음알음 구입하면 돈을 조금 더 주더라도 믿을 수 있어서 좋다. 요즘 건강소금에 관해서 말이 많은 데 음식할 때 쓰는 소금은 천일염으로 농협이 제일 낫다.

호두 등의 견과류와, 냉동생선(굴비, 냉동굴, 냉동조개, 고등어, 조기) 등은 인터넷이나 농수산 홈쇼핑을 이용하면 시장 안 가도 편하게 구입할 수 있다. 특히 식구가 적은 집이라면 생물보다는 냉동을 구입하는 것이 좋다. 하지만 주변의 살림꾼들에게 물어본 결과 홈쇼핑은 실망스러웠다는 사람이 더 많았다. 특히 양념된 고기나 게장, 반찬 등은 식당에서 주는 것보다 못하면 못했지 집에서 만드는 맛이 절대로 안 난다는 것. 입맛 까다로운 사람이라면 양념상품을 구입하는 것은 피하는 게 좋을 듯싶다.

이다. 가격도 저렴하고 맛도 냉동된 것을 사는 것과 비교할 수 없을 정도라 산지에서 박스채로 구입해와서 손질하고 갈무리해두면 두고두고 좋은 먹거리가 된다. 수산시장도 제철생물은 조금씩 소매로 구입해도 저렴하므로 회도 뜨고 겸사겸사 잔치벌이는 마음으로 가서 먹고 구입한다.


## 셋, 타임서비스 시간을 노려라


백화점이나 마트는 문닫을 시간에 가면 일정품목을 떨이세일하는 것이 많다. 사람들이 바글바글 모여 있는 곳이라면, 마이크로 '지금부터 10분 동안 OOO을 싸게 판다는' 방송이 나올 때, 우아 떨지 말고 당장 달려가는 기세가 필요하다.

　먹을 것에 유난히 집착하고(이른바 식탐이라고 한다) 새로운 음식에 대한 호기심도 강한 편이지만 냉장고에 이것저것 쌓아놓는 것은 그다지 좋아하지 않는다. 혹시 주부정신을 발휘해 저렴한 가격에 나온 식품을 대량구매라도 할라치면 무표정과 무언으로 압력을 가하는 남편(냉장고에 음식 쟁여놓는 걸 무엇보다 싫어한다)의 압력에 결국, 깨갱~. 남편 왈, 아무리 맛난 식품도 잔뜩 사서 쟁여놓으면 꼭 마지막에는 먹기 싫어진다거나(오래되면 맛도 떨어진다) 카오스 상태인 냉장고 속에서 존재가 잊혀져 상해서 버리게 되기 때문이란다. 사람들은 냉동실에 넣어두면 몇년이 지나도 음식이 썩지 않는다고 생각한다. 하지만 냉동실에도 미생물이 존재한다는 사실을 아는지. 아무리 냉동실이라도 속도는 느리지만 식품은 조금씩 상하고 있다. 예를 들어 소고기의 경우 냉동고에서의 유효기간은 30일 정도. 그 이상 지난 고기는 먹고 탈이 나지는 않더라도 신선하지도 않을 뿐더러 맛이 현저히 떨어진다. 야채, 과일, 두부, 콩나물 등 신선식품과

### ▶ 각종 김치
　시어머니와 친정어머니에게 악착같이 조달해서 종류별로 저장해둔다. 아무리 음식하는 걸 좋아하지만 김치는 그 많은 노동력을 혼자서 감내할 자신이 없어서 아직은 시도해보고 싶지도 않다면(나처럼) 주신다고 할 때 김치냉장고를 구입하는 열정을 보여서라도 열심히 받아먹어라.

### ▶ 국물낼 때 쓰는 양념류
　조미료를 쓰지 않으니 대신 육수낼 때 쓰는 재료들 멸치, 다시마 등은 품질 좋은 것으로 구입해서 냉동실에 잘 저장해놓고 먹는다. 멸치나 다시마는 자주 가는 마트에서 좋은 제품을 들여와 기획판매를 할 때 한꺼번에 사두거나, 나들이 갔을 때 지역특산품 코너에서 구입할 수도 있고 이럴 때 믿을 만한 생산자의 명함을 받아와 직거래하는 것도 좋다. 이외에도 양파, 당근, 파 등 손질하고 남은 자투리 야채도 깨끗하게 씻어서 한꺼번에 냉동해놓았다가 국수나 스프, 국 등의 국물을 낼 때 알뜰하게 사용한다(냉동칸에 자투리 야채전용 밀폐용기를 넣어두고 사용한다).

육류는 아무리 저렴해도 가능한 이삼 일 내에 다 먹을 수 있는 양만 조금씩 사는 것이 가장 맛있게 먹는 방법이자 돈을 절약하는 길이다.

얼마나 많이 싸게 사느냐가 아니라, 산 것을 얼마나 보관을 잘해서 끝까지 먹느냐가 알뜰쇼핑의 관건이라는 사실을 잊지 말자. 그날그날 필요한 것을 조금씩 사서 이삼 일 내에 먹어 없애는 것이 가장 좋지만 아무리 조금 사도 한 단, 한 봉지인 야채, 서너 마리씩 묶어 파는 생선, 찌게 끓이고 남은 두부 등은 보관법에 신경을 쓸 수밖에 없다. 인터넷이나 잡지에서 볼 수 있는 신선하게 식품을 보관하는 다양한 방법을 참고하되 잊지 말 것은 가능한 적당히 사서 이삼 일 안에 먹어치우는 것이 제일 중요하다는 사실이다. 때문에 아무리 저렴해도 두 끼 이상 먹을 양은 구입하지 않는 편이지만 대신 김치냉장고나 냉동실, 냉장고에 착착 쟁여놓고 먹는 것들도 당연히 있다.

### ▶ 냉동생선

싱싱한 생물 생선이 가장 맛있지만 장보러 갈 시간도 없고 짭조름한 생선이 그리울 때면 냉동실에 잠자고 있던 생선들이 가장 좋은 밥반찬이 된다. 조기나 굴비는 한 두름 사서 냉동실에 넣어두면 오래 두고 먹어도 좋으며 짭조름한 반건조냉동 가자미도 맛있다. 고등어, 삼치 등은 다시 손질할 필요 없이 잘 다듬어서 비닐포장된 제품을 사서 냉동실에 두었다가 먹는데 확실히 생물이 가장 맛있으므로 가능한 두어 마리씩 바로 구입해서 먹는다.

### ▶ 김과 계란

반찬 없을 때 구운 김과 계란만큼 만만하고 훌륭한 반찬거리도 없다. 김은 마트나 농협 등을 이용해도 좋고 인터넷에서 광천김을 사먹어도 맛있다. 달걀은 동네에 달걀도소매점이 있다면 마트보다 더 싱싱한 것을 저렴하게 구입할 수 있다. 동네 구석구석 잘 찾아보면 슈퍼이면서 달걀도소매점을 겸업하고 있거나 아예 달걀도소매업을 하는 가게도 있으니 찾아볼 것. 이런 곳이 훨씬 신선한 달걀을 판매한다. 다만 큰 도매점에서는 유정란까지 다양하게 구비한 반면 작은 곳은 왕란, 소란 정도만 판매하므로 성장촉진제, 항생제 없이 풀과 현미를 먹고 자란 닭이 낳은 유정란을 고집한다면 유기농식자재 구입처나 대형마트를 이용한다.

# 유기농, 어디까지 먹어야 할까?

유전자조작 콩으로 만든 두부, 환경호르몬이 검출된 콩나물. 식품첨가물 덩어리인 각종 양념류와 식품들. "도대체 뭘 먹으란 말이냐!" 적당한(절대 심하지는 않다) 먹거리 염려증에 걸린 나는 웰빙이니 유기농이니 하는 것들이 유행하기 전부터 지대한 관심을 갖고 있던 터라 가난한 자취생활 중에도 환경운동연합 생활협동조합에 가입해 갖가지 유기농 야채와 식품을 배달해먹는 등 유난을 떨곤 했다. 주변인들은 먹거리 걱정에 앞서 주거환경 개선을 위해 청소나 잘하라고 충고했지만 집안은 온통 먼지투성이여도 밥시간이 되면 상을 쫙 펴고, 전남 완도군 00면에서 생산한 돌김을 살짝~ 살짝~ 달군 프라이팬 위에서 딱 두 번 구워서, 전남 무안에서 직접 기른 참깨를 전통방식으로 짜낸 국산 참기름 한두 방울을 떨어트린 맛깔스런 유기농 간장에 찍어먹어야만 직성이 풀리는 것을 어떡하리.



집 떠난 후 집밥 맛있는 걸 알게 되었달까. 한때는 밖에서 먹는 밥이 싫어서 자취생 주제에 일주일에 한 번 꼬박꼬박 생협에서 식품을 주문해다가 반드시 잡곡을 다섯 가지 이상 넣은 밥을 짓고 점심은 도시락을 싸서 먹고 아침과 저녁은 배달받은 유기농 제품으로 직접 만들어먹는 지극정성을 보였더랬다. 심지어 혼자 먹겠다고 커다란 냄비 가득 채식육계장(레시피는 콩고기와 콩햄을 파는 채식사이트 베지푸드에서 얻었다)을 끓이기까지 했으니 말이다. 이렇게 나름 삼시세끼 담백한 집밥을 먹다가 어느날 다시 귀차니즘이 발동해(그러면 그렇지) 오랜만에 밥을 사먹으러 찾아간 동네식당에서 김치찌개를 시켰다. 그런데 이게 웬일인가. 그전에는 찐~하고 걸죽한 것이 참 맛나다 생각하며 게걸스럽게 먹던 반찬들이 하나같이 어찌나 자극적이던지 먹다가 혀가 마비되는 듯한 느낌을 받고는 '아, 이것이 바로 조미료 맛이군' 이라고 깨달았던 기억이 난다.

　내가 유기농 식품, 더불어 환경오염과 식생활에 관심을 갖게 된 계기는 원래 천성이 먹는 것에 집착하는 경향도 있지만, 환경운동연합에서 활동가로 일하는 친구 영향이 컸다. 그 친구는 패스트푸드점에서 주는 옥수수샐러드도 안 먹으며(외국서 수입한 유전자조작 옥수수라서 그렇단다) 패스트푸드점에서 묻지도 않고 일회용 종이컵에 음료를 담아주면 "여기는 왜 재생가능 용기를 사용하지 않느냐"고 버럭 따지며, 재생화장지, 친환경세제 사용은 기본, 환경호르몬 걱정, 환경오염 걱정에 죽자고 전용 텀블러를 들고 다니는 열성파여서 일회용품 절대 사용 안하고 식품도 꼭 생협에서 믿을 만한 먹거리를 구입해 먹는다(가끔은 내가 봐도 참 유난을 떤다 싶지만 '알고 나면' 정말 먹고 싶은 마음이 뚝 떨어진다).

　나 역시 어렸을 때부터 엄마가 절대로 과자나 탄산음료 같은 군것질 안 먹이고 과자며 빵도 집에서 엄마가 만든 계란빵만 먹으며 자라서(사실 집이 부유한 편이 아니라 자연스럽게 웰빙 식단이 되었다 ㅋㅋ) 군것질거리나 인스턴트식품을 별로 좋아하지 않았다. 혼자서 먹거리를 챙기면서부터는 틈틈이 한의사 손영기씨가 쓴 『먹지 마 건강법』이라던가 헬렌 니어링의『소박한 밥상』등 먹거리에 대한 책을 관심있게 읽은 탓에 자연스럽게 유기농 식품에 관심을 갖게 되었달까.

　주변사람들에게 100% 유기농은 아니더라도 가급적 인스턴트식품이나 가공식품류를 멀리하고 친환경

매장을 이용하라고 얘기하면 '가격차가 얼만데' 부터 시작해서 '지금까지 그런 거 먹고도 잘 살아왔다' 는 둥, '유난을 떤다' 는 둥 아니꼽게 생각하는 이들도 있지만 건강하게 살기 위해서는 그 어떤 영양제나 몸에 좋다는 건강식품보다 건강한 먹거리가 중요하다는 생각에는 변함없다.

요즘은 친환경식품도 판매루트가 많고 다양해져서 아파트단지가 많은 곳은 유기농 식품을 파는 매장도 흔하고 한살림이나 생협 같은 곳은 물론 대형마트에도 유기농숍이 입점해 있어서 식자재 구입도 쉬워졌다.

경제적인 걱정이 앞선다면 일단 신선야채나 두부처럼 저렴하고 접근하기 쉬운 아이템부터 시작하고 유기농 식품으로 구입해야 할 것과 그보다 조금 저렴한 무농약이나 저농약으로 구입할 품목을 정리한다. 보통 가공하지 않고 생것으로 먹는 과일이나 채소류는 유기농산물, 비교적 안전한 식품류인 버섯이나 껍질을 벗기고 먹는 뿌리채소류는 무농약이나 저농약으로 구입해도 좋다.

비싼 만큼 조금씩만 사서 100% 먹기 때문에 의외로 비용부담은 그리 크지 않고 장마나 기타 재해로 농작물 값이 치솟을 때는 차라리 생협에서 사먹는 친환경 야채가 더 저렴할 때도 있다.

# 이것만은 유기농으로 사라

내 경우 유기농매장 가도 가공식품은 잘 사지 않는다. 특히 외국에서 수입된 제품은 더 기피하는데, 솔직히 원재료 말고는 유기농인지도 모르고 수입유통되는 과정이 길기에 방부제가 들어 있지 않다는 확신이 없기 때문이기도 하다. 일반 마트에서도 가공식품, 통조림 제품은 사먹지 않고 케첩이나 마요네즈, 청량음료, 심지어 100% 오렌지주스니 하는 수입음료도 거의 안 먹는 편이며(내게는 오직 생수뿐이다), 자취생의 필수식량인 라면조차 '빈곤해 보일까봐' 안 먹었다. 이런 건 안 먹다보면 별로 먹고 싶지도 않고 어쩌다 사먹으면 너무 달거나 시거나 해서 별로 맛도 없다. 그래서인지, 하루 종일 뛰어다녀도 지치지 않는 강철 체력은 아니지만 남들이 보기에는 비실비실해 보여도 몇년 동안 감기 한번 안 걸릴 정도로(제아무리 독감이 유행해도 끄떡없다) 잔병이 없는 것은 이런 식생활 덕분이라는 생각도 든다.

## | 주곡 및 잡곡류 |

경기도 어디선가 크게 농사를 짓는 집 아들이었던 한 친구가 무슨 얘기 끝에 "우리 집도 우리 먹는 쌀은 산 너머에서(주변 논에 친 농약이 흘러들어올 수도 있으니까) 따로 농약 안 치고 재배한다"고 말했다가 그 자리에 모여 있던 열댓 명쯤 되는 친구들이 단체로 흥분, 침을 튀기며 항의했던 기억이 난다. "야 그런 니네 식구도 안 먹는 걸, 우리 먹으라고 판단 말이냐!"라고. 그전에도 그랬지만 그 사건 이후로 나는 무조건 쌀을 포함한 주곡, 잡곡류는 생협에서 친환경 쌀을 주문해 먹는다(혼자 살 때부터 지금까지 쭉~). 매일 그것도 가장 많이 먹는 식품이니만큼 당연히 그래야 한다고 생각했다. 주로 한살림이나 생협 등 조합에서 주문해먹는데, 대형마트에서 파는 친환경재배 쌀보다 가격도 2~3천원 정도 더 저렴하고 집 앞까지 딱 배달해주니 여간 편한 게 아니다. 요즘은 농협도 다양하게 포장해서 구비해놓고 있어 고르기도 좋고 편하다. 생협은 동네마다 배달하는 요일이 정해져 있어 생산자에 따라서(원주 생협의 경우)는 벼 상태로 저장해두었다가 주문

을 넣으면 그때 바로 도정해서 가져다주니까 밥맛도 좋다. 쌀은 도정한 지 하루만 지나도 그 맛이 현저히 떨어진다니 밥맛에 목숨 거는 사람은 소량씩 주문해 먹으면 좋을 듯. 특히 현미류는 반드시 유기농제품으로 골라먹는 데, 몇번씩 도정해 깎아내는 백미와 달리 현미에는 쌀겨가 남아 있기 때문에 일반재배 현미일 경우, 잔류농약이 더 많을 수 있기 때문이다. 이렇게 유기재배한 쌀은 일반 쌀보다 벌레가 생기기 쉬우므로 조금씩 사서 먹거나 보관을 잘해야 한다. 여름에는 냉장고에 보관하고 먹거나 밀폐용기, 옹기나 토기로 보관하는 것이 좋다. 요즘 인기 있는 방법은 페트병에 쌀을 담아 뚜껑을 꼭 닫아 보관하는 것. 쌀을 덜어내기도 쉽고 벌레도 생기지 않는다.

생협이나 마트의 유기농코너, 농협 대신 곡식을 유기농으로 재배 판매하는 믿을 만한 직거래사이트(쌀농부www.ssalnongbu.com)를 발굴해 거래하는 것도 좋다.


## | 햄 소시지류 |

'햄, 소시지 등 인스턴트식품 건강하게 먹기' 라는 칼럼을 진행(생각해보면 웃기는 칼럼이다)한 뒤부터 시판 햄이나 소시지는 사먹지 않으며, 혹시 먹고 싶을 때는 반드시 친환경제품만 먹는다. 시판 햄이나 소시지에는 거의 100%(마트에 가서 당장 모든 햄 소시지의 식품첨가물을 살펴보면 알 수 있다) 발색제 혹은 '아질산나트륨' 이 들어 있는데, 이는 햄과 소시지에 먹음직스런 색을 내고 방부효과와 세균억제 작용을 한다. 하지만 다른 식품과 결합해 발암물질을 생성하고, 갓 태어난 아기에게는 적은 양이라도 매우 치명적이며 많이 섭취할 경우에는 구토나 빈혈을 일으키는 사람에게는 좋지 않다. 아질산나트륨 섭취를 조금이라도 줄이려면 '햄과 소시지에 칼집을 내서 끓는 물에 한번 데친 후 먹어라' 는 것이 칼럼의 주된 내용이었다. 그래서 '호기심 천국' 인 내가 직접 그 방법대로 해보니~!, MSG(화학조미료)가 물에 다 녹아내려서 맛이 없는 것은 물론이거니와 햄에서 빠져나온 발색제 때문에 온통 분홍색으로 변한 국물을 보고 거의 '실신', 입맛

이 뚝 떨어져버려서 그 이후로는 이런 햄과 소시지는 절대 먹지 않는다. 대신 생협에서 무항생제 고기에 국산양념을 넣고, 화학조미료와 발색제 등은 전혀 첨가하지 않은 햄을 사먹는다. 유통기한은 제조일로부터 20일 이내. 맛이 좀 떨어지는 것도 있지만 내가 좋아하는 생협의 '저지방다이어트 햄'은 담백하고 너무 맛있어서 숨겨놓고 남편 몰래 혼자서 구워먹을 때도 있다. 가격은 300g 정도에 4천100원 정도로 일반 햄에 비해 엄청 비싸지만 아이들의 건강을 생각해서라도 바꿔볼 가치가 있다. 가끔 장보러 가서 화려하고 다양한 햄소시지들을 보면 잠깐 혹해서 집어 들었다가도 뒤집어서 식품첨가물을 읽다보면 그 분홍색 국물이 생각나면서 금세 유혹을 떨칠 수 있다(가공식품을 구입할 때는 화려한 포장만 보지 말고 반드시 뒤집어 식품첨가물을 확인하자).

| 채소나 과일 |

생으로 먹는 채소는 아무리 잘 씻어도 농약이나 화학비료가 완전히 제거된 것 같지 않아서 안심이 안된다. 우리가 맛있다고 잘 먹는 야채는 벌레들도 좋아하는지 워낙 해충이 많아서 깻잎, 고추, 상추 같은 것들은 농약을 치지 않고는 정말 재배하기가 힘들어서 약을 많이 치는 농작물이라고 한다. 생으로 먹는 것이니 만큼 유기농 제품을 구입하는 것이 좋은데 유기농 야채는 무르고 상하기 쉬우므로 대량으로 구입하기보다 농협 유기농 야채코너나 근처 유기농 전문매장에서 조금씩 사다먹는 것이 낫다. 깨끗이 씻어 야채탈수기에 돌려서 밀폐용기에 넣어두면 일주일 정도는 거뜬! 껍질까지 몽땅 먹는 과일은 유기농산물로 구입하는 것이 좋다. 특히 맛있고 달콤한 딸기가 요주의 품목. 농약을 워낙 많이 뿌리는 과일이라 가급적 유기농이나 무농약으로 먹는다.

| 장류와 각종 양념류 |

친환경 야채에 MSG가 듬뿍 든 양념이나 소스를 넣어 무치면 무슨 소용? 이런 양념류야말로 알게 모르게 첨가물이나 MSG를 듬뿍 섭취하게 하는 주범이다. 오늘 당장 마트에 가서 시판하는 된장과 고추장의 식품첨가물을 유심히 보라.

미국산 콩(유전자조작 콩이 분명하다), 수입밀가루는 물론 감칠맛을 내는 화학조미료, 소르빈산칼륨 같은 합성보존료, 즉 방부제는 기본이다. 간장도 콩으로 메주를 쑤어 1년 이상 숙성시킨 천연 양조간장이 아니라 '탈지가공대두'라고 쓰여 있다면 식용유 기름을 짜고 남은 대두에 각종 첨가물을 넣어 맛을 낸 것이다. 여기에 감칠맛을 내는 글루타민산나트륨MSG, 감미료, 산미료, 걸쭉한 느낌을 주는 증점제(가공식품에 점성을 주기 위해 사용하는 식품첨가물) 등으로 맛을 낸다.

### "오래된 것은 먹지 말고, 이왕이면 국산콩으로 골라라"

된장은 국산콩에 천일염을 사용하고 무방부제, 무색소, 무감미료(MSG 등 무첨가) 제품으로 최소 1년 이상 발효숙성한 것을 고른다. 고추장은 찹쌀과 고춧가루, 메주에 쓰인 콩이 국산인지 확인하고 천일염을 넣어 최소 6개월 이상 발효숙성한 것이 좋다. 청국장도 수입콩으로 만들었거나 오래된 것은 먹지 말자.
유기농 간장은 못 먹더라도 화학첨가물이 들어 있는 '혼합간장' 대신 '100% 양조간장'으로 미국산 대두 대신(유전자조작 콩일 가능성이 높고 무엇보다 방부제에 노출되어 있다) 국산콩으로 만든 것을 고르자.
집에서 시어머니와 친정엄마가 직접 담근 된장과 고추장을 받아다 먹을 수 없다면 된장, 고추장, 간장 같은 장류는 산지에서 직접 재배한 유기재료로 담그고 발효한 것으로 사먹을 것을 권한다. 재래식으로 만든 것들이라 맛도 좋다. 가격이 비싸도 오래 두고 먹는 기본 장이기 때문에 이만한 투자는 필요하다고 생각한다. 소금, 설탕, 들기름, 참기름 등도 마찬가지. 『과자, 이를 해치는 달콤한 유혹』의 저자 안병수씨를 인터뷰할 일이 있었는데, 그는 인터넷에서 '황토소금'을 주문해먹는다고 한다. 짠맛이 부드럽고 순하다며 내게도 엄청 권했다. 소금도 유난히 중국산이 국산으로 둔갑하는 경우가 많고 저가 수입소금 때문에 국내 염전이 줄어든 상황에서 믿고 구입하기 힘든 품목이니만큼, 직거래로 판매하는 생협에서 구입하는 것이 안전하다. 각종 천연조미료는 유기농산물의 맛을 훼손하지 않고 감칠맛나는 음식을 할 수 있어서 좋다.

## | 빵, 국수 등 밀가루식품 |

유기농식품에 관심이 많은 이들도 빵이나 피자, 국수 같은 식품은 신경 쓰지 않는다. 하지만 가능한 밀가루로 만든 모든 식품은 우리밀로 만든 것, 유기농 매장에서 만든 것을 먹으라고 권하고 싶다. 정제된 수입밀가루에는 방부제가 다량 들어 있는 것은 물론 빵을 만들 때 들어가는 각종 첨가물도 무시 못하기 때문이다. 가끔 생협에서 모카빵이나 오곡식빵 같은 걸 사서 먹는 데 좀 거친 듯하지만 씹을수록 고소하고 무엇보다 소화가 무척 잘되어서 속이 편안하다. 베이킹파우더나 가공이스트 대신 천연효모와 유정란 등으로 만들어서 입에 착 붙는 자극적인 맛은 없지만 먹을수록 소박한 맛에 반하게 된다. 빵도 맛있지만 국수도 우리밀로 만든 것으로 가급적 믿을 수 있는 곳에서 사먹도록 하자.

## | 콩으로 만든 신선식품 |

콩으로 만든 신선식품인 콩나물, 두부, 낫토(요즘 건강식으로 인기가 높은 일본식 청국장) 등은 유기농, 안되면 국내산 제품을 고집하는 품목이다. 수입산 콩은 대부분 유전자조작GMO 콩이며, 콩나물과 두부에 말 못할 짓을 한다는 얘기를 하도 많이 들은 탓일 게다. 오동통한 일반콩나물은 좀더 크고 예쁘게 키우기 위해 콩을 불리는 과정에서 농약처리를 하는 경우도 있고 성장촉진제를 주기도 한다는데 대충 씻어 아삭아삭 먹는 콩나물에 농약이나 성장촉진제가 남아 있다면 꺼림칙하다. 두부도 직접 만들어 파는 따끈한 판두부가 고소하고 맛있지만 국내산 콩이 아니면 가급적 피한다.

## | 신선반찬류 |

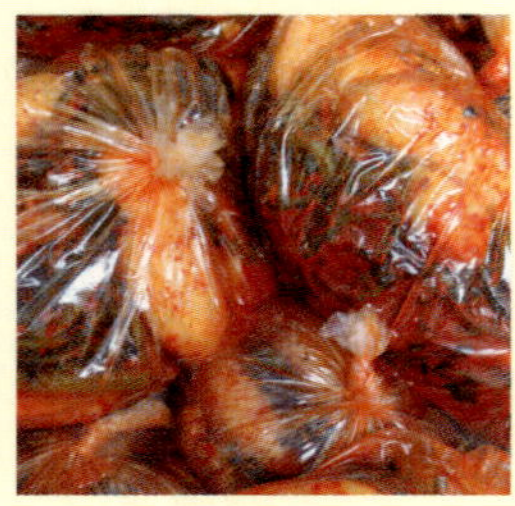

주부가 직접 만들어 먹는 먹거리가 가장 좋지만, 집에서 밥해먹기 힘든 맞벌이 부부라면 유기농 매장의 신선 반찬류에 주목할 것. 국산 유기농재료에 천연양념으로 만든 반찬은 자칫 인스턴트나 레토르트 식품이 점령하기 쉬운 맞벌이의 식탁을 건강하게 만들어준다. 김치는 물론 오징어채 같은 밑반찬, 구이김,

우엉조림, 젓갈 등도 화학조미료 넣지 않고 만들어 안심하고 먹을 수 있다. 특히 생협사이트에 들어가 보면 이런 가공식품류도 어떤 재료를 넣고 만들었는지 자세히 적어놓아서 더 안심이 된다. 내가 가장 좋아하는 것은 생협의 해초무침과 톳무침인데 시판 해초샐러드는 맛깔스런 색을 내려고 색소를 넣고 화학조미료를 쓰는 반면 이 제품들은 국산 해조류에 방부제와 발색제를 넣지 않고 양념해서 안심이 되고 무엇보다 맛도 좋다. 어묵이나 쌈장 등도 추천 제품.

### | 달걀 |

달걀은 비싸더라도 방사 유정란을 구입해먹는다. 일반달걀은 성장촉진제, 항생제를 넣은 사료를 먹여 기른 닭이 낳은 것으로 특히 어린아이들에게 좋지 않다. 가능하면 닭고기나 육류도 항생제나 성장촉진제 없이 배합사료나 볏집, 콩깍지 같은 사료를 먹여 기른 것을 먹는 게 좋다.

# 믿을 만한 산지 직거래가 답이다

친정엄마와 시어머니들은 인간관계가 참 두루 넓으시다. 저 멀리 전라남도 어디선가 고추농사를 짓는다는 친구네 사돈의 팔촌에게 사온 태양초 고춧가루, 촌수불문 머나먼 친척에게 공수받은 육쪽마늘 등등. 우리 시어머니는 어디 여행이라도 가시면 반드시 그 지역특산물을 꼭 사오시는 편인데 감사하게도 게으른 며느리에게도 꼭 나누어주신다. 처음에는 이렇게 가져다주시는 식품이 꼭 반갑지만은 않았던 것도 사실이었지만 이것들을 가지고 음식을 만들어보니 그 맛이 내가 마트에서 비싸게 주고 산 것들에 비해 결코 견줄 수 없을 만큼 좋더라는 것이다. 그래서 지금은 멸치며 다시마, 참기름, 들기름까지 모두 기쁜 마음으로 시어머니께 공수받거나 믿을 만한 직거래 판매처를 알아내어 직접 구입한다.

### 대형 인터넷쇼핑몰과 주부사이트에서 정보를 얻어라

우리에게는 친정엄마와 시어머니 같은 오지랖과 인간관계는 없지만 대신 인터넷이 있지 않은가. 주변에 인터넷을 좀 하고 요리, 식자재를 잘 고르는 주부들에게 정보를 얻는 것이 가장 확실한 방법이다. 굳이 지방까지 내려가 특산품코너를 기웃거리지 않아도 인터넷을 잘 찾아보면 직거래할 수 있는 믿을 만한 생산자들이 있는데 특히 농부나 어부들이 직접 기르고, 잡고, 농사지은 식자재를 직거래하는 사이트는 품질도 좋고 들어가 구경하는 재미도 쏠쏠하다. G마켓이나 옥션 등에 들어가면 현지 생산자가 직접 재배한 야채와 과일, 수산물 등을 직거래로 판매하곤 하는데 미리 구입한 이들의 상품평을 꼭 읽어보고 구입한다.

오미드 니칸
Omid Nikan
이란산 석류
Pomegr
2,000원/1개
석류 이란산

- **영광법성포 굴비는 장수굴비**

  영광법성포 굴비가 맛있다는 건 알지만 어디서 사야 할지 막막하고 믿을 수도 없어서 선뜻 사먹지 못하다가 여동생회사 후배 중 전남영광에 근무하는 친구가 있는데 그의 언니가 직접 운영하는 곳이라 믿고 구입한다. 어른들도 먹어보시고는 다들 '염鹽하는 것이 다르다' 며 맛있다고 칭찬한 곳.
  주문전화 061-356~6330(이 지역의 믿을 만한 가게들도 추천받았다. 은해굴비 061-356~4422 환영굴비 061-356~3926 참굴비수산 061-356~3131)

- **바지락과 새우는 서산댁**

  82cook.com에 들락거리다가 알게 된 루트로 이분께는 바지락, 새우를 배달시켜 먹는다. 바지락은 5킬로 정도 구입해 반은 껍질 까고 반은 껍질째 구입하는데 함께 보내준 바닷물(1팩에 1000원)에 해감시켜서 냉동해두고 먹는다. 특히 막 배달 받았을 때 아무런 양념도 넣지 않고(마늘, 파 다 필요 없다) 그냥 맹물에 넣고 끓여 먹으면 마치 대합탕만큼이나 뿌연 국물에 그 맛이 완전 죽음(!)이요 바지락 살이 탱글탱글 살아있는 것이 마트나 농협에서 사는 바지락과는 정말 '쨉' 도 안된다. 냉동해두고 된장찌개, 파스타 등에 넣어 먹는다. 연락처는 011-9400-3150

- **어부 현종의 바다로 인**www.badaro.in

  남쪽 바다에서 문어 잡으며 살아가는 어부 현종님에게는 문어나, 대게, 장어, 멍게, 오징어, 꽁치 등을 구입한다. 큰 어판장에서 당일 잡혀 들어온 가장 신선한 생선을 구입해 보내주기 때문에 주문한 생선이 잡히지 않거나, 물 좋은 생선이 없을 때는 생선을 보내주지 않아서 경우에 따라 기다림이 길 수도 있다.

- **김장배추, 장류, 고구마, 감자, 옥수수는 선한농부마을**www.im2u.co.kr

  충청북도 괴산의 마을에서 유기농으로 재배한 농산물을 직거래 판매하는 사이트. 주요 품목은 김치용 절임배추와 태양초 고추, 옥수수, 각종 나물과 과일 채소 등을 비롯해 메주와 된장, 고추장 같은 장류와 곡식도 판매한다. 특히 된장은 재래식이면서도 너무 짜지 않고 된장국을 끓이면 구수한 맛이 일품이라 친정엄마의 된장을 물리치고 여기서 사다먹는다.
  쌀은 한번 구입해봤는데 다른 품목에 비해 품질이 좀 떨어지는 편이다.

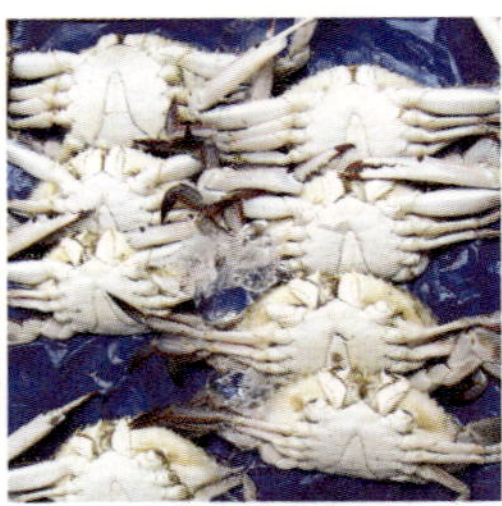

## • 종가집 김치

김치 솜씨가 타의 추종을 불허하는 친구 어머님 말씀에 따르면 시판김치 중에는 종가집김치가 제일 맛있다고 한다. 그것도 총각김치와 열무김치가 아삭하고 맛있으며 배추김치나 백김치는 아직 직접 담근 맛만 못하다는 평.

## • 조양맛김 & 그린식품 재래김

김은 역시 광천김이 제일 맛있다. 조양맛김 www.joyangkim.co.kr 사이트에는 구운 김부터 일반 재래 김까지 다양하게 구비해 판매하는데 다른 김보다 유난히 바삭거리고 김 자체 향도 남달라 맛이 좋다. 그린식품 www.greenfoods.co.kr 031-631~0040의 재래김도 기름을 살짝 발라 구워서 담백하고 많이 짜지 않아서 추천.

## • 청매실농원 매실장아찌

매실이 대유행이라 여름만 되면 집에서 직접 매실청을 담그는 사람들이 많다. 나는 청매실농원 www.maesil.co.kr 061-772~4066에서 매실청과 짱아찌, 농축액을 주문 배달해서 먹는다. 특히 좋아하는 것은 고추장박이 장아찌인데 입맛 없을 때 물에 만 밥에 한쪽 올려 후루룩 먹으면 입맛도 살고 한 그릇 뚝딱 해치울 수 있다. 청매실농원 매실은 무농약재배라 믿을 만하고 알이 굵고 즙이 많아서 좋다.

## • 하이낫토

낫토는 일본음식이라 일본수입제품을 선호하는 사람이 많은 것 같다. 일본제품도 일반과 유기농 콩 종류를 파는데 일반제품은 대부분 유전자조작된 미국산 수입콩으로 만들었다고 보면 된다. '하이낫토'로 평안식품 www.nattou.co.kr 이라는 곳에서 만드는 데 일본낫토와 비교해도 맛에 손색이 없고 우리콩으로 만드니 믿을 수 있어서 좋다.

## • 콩사랑 www.kongsarang.co.kr

국산콩을 구입해서 청국장, 된장, 청국장환, 청국장가루 등을 직접 만들어 판매하는 곳. 요리전문인터넷사이트에서 알게 되어 청국장가루를 꾸준히 애용하는데, 청국장가루를 먹기 힘든 사람이라도 그냥 물에 한 수저 타서 음료수처럼 꾸준히 마시면 변비도 없어지고 기운도 난다. 요즘은 주인의 음식솜씨에 반한 회원들의 성화에 물김치, 양념멸치젓갈, 깻잎김치, 고구마순김치, 포기김치 등도 소량씩 주문판매하고 있으니 한번 들러볼 것.

# 스트레스 풀면서
# 마트에서 횡재하기

몇달 동안 너무 열심히 일했으니 죄책감을 느낄 정도로 쇼핑을 하던지, 너무 만족스럽게 푹 쉬던지. 둘 중의 하나를 할 때가 온 것 같다 싶으면 나는 망설이지 않고 지갑을 챙겨 들고 떠난다. 후훗, 수중에 현금도 없는데 과연 뭘 할 수 있냐고? 결혼한 여자의 놀이터는 식료품과 가전제품, 생활용품을 주로 구입하는 마트다. 까르푸, 이마트, 킴스클럽, 농수산물센터, 코스트코까지…. 밤이건, 낮이건 시간 날 때마다(아니, 잠잘 시간도 이미 모자란 새벽 3시라도!) 심심한 날이면 마트로 간다. 그곳에는 도시를 벗어나 여행을 떠나기에 자금력이 딸리거나(둘이서 1박2일로 서해안이라도 떠나면 밥값, 기름값, 숙박비 등 50만원은 족히 깨진다), 느긋하게 영화 보고 식사라도 하기에는 일이 빡빡하거나, 친구와 부모님을 시간 맞춰 만나기에는 정신적 여유가 없는 사람들이 득실거리고 있다. 외로운 사람들이 카트를 끌며 누가 물건을 더 많이 담는지 경쟁이라도 하는 듯한 마트는 과소비의 주범인 곳이다. 걷기 운동을 겸하는 두세 시간의 부담 없는 놀이의 대가는 생각보다 크다. 카드로 계산하기 직전까지의 만족스러움은 얼마 집어 들지도 않은 것 같은데 10만원은 훌쩍 넘는 가격에 정신이 번쩍 든다.

최근에는 마트에서 흥분한 상태로 기쁘게 마구 쇼핑을 하고는 너무 많이 샀다는 걸 깨달은 남편이 진지하게 "이건 모두 우리 집에 없어도 사는 데 지장 없는 거지. 그럼 쇼핑의 기쁨을 만끽했으니 카트 채 두고 도망가자"는 제안을 했다.

하지만 나의 입장에서는 그걸 다 사서 누군가를 몽땅 주는 건 몰라도 카트 채 버리고 도망 나오는 것만으로는 불만족스러웠다. 그래, 나는 이런 여자다. 소비에 미친 '죽느냐 사느냐' 파인 것이다. 비록 마트에서 대량으로 산 모듬야채와 우유가 냉장고에서 썩어나오더라도 말이다. 마트에서 생필품을 사는데 한번에 몇십만원씩 구입하는 이런 생활을 결혼 후 10개월 동안 한 이후, 수중에 땡전 한푼 없게 된 우리 부부는 저금통의 배를 갈라나온 동전 7만5천원을 은행에서 바꿔 월급 전 열흘을 버티고 난 뒤 몇가지 마트수칙을 정했다.

## 1+1 공산품은 산다

대기업 식품회사에 다니는 친구가 말하길, 마트에 '1+1 상품' 즉 하나 더 주는 행사를 하는 것은 판매하는 업체측에서도 손해를 보고 판매하는 것이므로 유통기한이 넉넉한 경우에는 구입해두는 것이 소비자에게 더 이익이라는 것이다. 가장 유용한 1+1 상품은 통조림, 주말에 한 끼 때우기 좋은 반조리 면이나 식품 등이다. 아이들이 많거나 도시락을 싸는 집이 아니라면 햄이나 소시지 등은 피하는 게 좋다. 밥반찬보다는 한밤중의 술안주로 뱃살을 찌우는 역효과만 난다.

## PB 상품위주로 고른다

마트는 대량으로 쌓아놓고 살아야 하는 생필품을 구입하는 최적의 장소이다. 신제품 가격할인이나 끼워 파는 상품이 있을 때는 지나치지 말고 들여다볼 것. 그중에서도 가장 저렴하게 좋은 물건을 구입할 수 있는 노하우는 각 마트에서 선보이는 PB상품(private brand goods, 자사 브랜드 상품)을 구입하는 것이다. 우유, 화장지는 물론이고 다양한 수납도구, 옷 등으로 아이템이 다양하다. 할인점과 제조사가 기획단계에서부터 협의해 제품을 생산하고 공급하기 때문에 동일한 상품보다 15~45%가량 저렴하다. 모나리자에서 생산하는 '홈플러스 화장지', 파스퇴르가 제조한 '저온살균우유', 롯데마트가 동양축산과 협력해 '와이즐렉 삼겹살' 등이 대표적.

### 쇼핑목록을 반드시 적어간다

특히 식료품을 구입하러 갈 때 마트는 오버하기 쉬운 곳이다. 모든 물건이 필요한 것보다 더 많이 담긴 덕용 포장이라 구입했다가 개봉도 못하고 버릴 수 있는 위험을 안고 있기 때문이다. 필요한 식품을 적은 뒤에는 냉장고를 열고 많이 남아있는 것들을 체크한다. 마트에서 아무리 싸게 행사를 하고 있는 것이라도 집에 쟁여놓은 것을 사면 안되니까.

### 주말은 피한다

주말 오후 너무 바쁜 시간대에 가면 쇼핑으로 스트레스를 풀기는커녕, 마트에 들어서면서부터 주차난 때문에 괴로울 것이다. 아이들을 카트에 태우고 다니는 사람들부터 시식하려고 길게 늘어선 줄(시식은 마트의 또다른 기쁨이거늘!), 카트끼리는 자꾸 부딪치고 계산대 줄은 끝이 없다. 황금 같은 쇼핑시간을 즐겁게 보내고 싶다면 너무 붐비지도, 너무 한산하지도 않는 황금의 타이밍(오전 10시, 오후 8시 등)에 마트를 찾자.

### 할인광고 전단도 놓치지 말 것

마트에 회원가입하면 집으로 친절하게 할인전단을 보내준다. 할인전단 챙길 시간이 없다면 시시때때로 핸드폰 문자로 날아오는 할인정보만이라도 챙기다보면 꼭 필요한 물건을 싸게 건질 수 있는 밑바탕이 된다. 미끼상품으로 말도 안되는 가격에 한정판매를 하는 제품들이 때마다 다르기 때문에 이런 상품만 구입해도 본전은 뽑는다. 쿠폰을 지참해야 할인되는 상품도 꼭 있으므로 주의한다. 일반마트에서 물건을 사면 딸려 나오는 OK캐쉬백쿠폰 역시 꼭 챙겨서 차곡차곡 적립하다보면 금세 기름 한번 넣을 액수가 모이곤 하니 각종 쿠폰을 그냥 지나치지 말 것.

# 없는 것 빼곤 다 있는
# 재래시장의 매력

　　전철역에서 내가 사는 집으로 들어서는 길은 시장이다. 야채행상을 시작으로 참기름 짜는 방앗간이랑 오뎅 튀겨 파는 집, 떡복이 파는 집, 생선과 닭 토막내서 파는 곳을 비롯, 정육점도 세 군데나 있다. 가끔 트럭타고 나타난 장어도 등장하고, 미꾸라지도, 거북이도 나타날 때가 있어 집까지 걸어가는 꽤 먼 길이 구경으로 즐겁다.

　　시장 길을 끼고 있는 집에 사는 재미는 노상에 펼쳐진 상품으로 계절을 느낄 수 있다는 점이다. 길가에 가지와 토마토, 감자가 넘쳐나면 여름이구나 하고 즐거워진다. 냉장시스템이 잘 정비되어 있어 늘 싱싱해 보이는 마트의 물건들보다는 조금 풀이 죽어 있지만 그 가격은 마트의 형광등 불빛 아래 자태를 뽐내며 누워 있는 아이들과는 천지 차이가 날 정도로 저렴하다. 마트에서는 1인분 국수분량의 쪽파가 1천원이라면 시장에서는 검정 비닐봉다리 한 가득이 1천원이다. 또한 시장에서 저녁거리를 하나 둘 사들고 올라오다보면 내 손으로 모두 들고 이동해야 하기 때문에 저절로 저녁메뉴를 머릿속에 그리게 되면서 필요 없는 것은 절대로 많이 사지 않게 된다는 것도 장점이다.


### "모르면 무조건 물어보는 게 장땡이다"


　　주부경력 20년차의 이웃언니는 야채와 과일들은 어차피 '유기농' 마크가 제대로 붙어 포장되어 있는

식품이 아니라면 마트보다 재래시장 물건이 훨씬 더 신선하고 저렴하다고 단언한다. 또한 마트에는 행사매대의 점원을 제외하고는 코너별로 직원이 별로 없어 궁금한 걸 물어보기가 쉽지 않지만 우산으로 단들어지는 그늘만큼의 작은 매대에서 장사하는 시장 아주머니에게는 나물 맛있게 무치는 법도 배울 수 있다.

시장에 자꾸 들르다보면 자연스레 물 좋은 식품 보는 눈이 생기게 된다. 포장이 안된 시장의 농산물을 구입하려면 가장 걱정되는 것이 중국농산물이 아닐까 하는 것. 조금만 관심을 갖고 상품을 보다보면 중국산과 우리나라 농산물을 구분하는 눈을 키울 수 있다. 가격이 시세에 비해 너무 저렴하거나 너무 크고 비상식적으로 싱싱한 것들은 방부제와 농약 듬뿍 친 수입산일 확률이 높다. 뿌리채소라면 뿌리 쪽에 흙이 묻어 있는 것은 절대 수입산이 아니다. 농산물에 흙이 묻어 있으면 절대로 통과되지 않기 때문이다. 과일과 야채뿐 아니라 미꾸라지, 뱀장어, 닭고기 등의 생물도 수입산이 매우 많다고 하니 도대체 뭘 믿고 사야 할지 걱정이다. 그저 물건 판매하는 상인을 믿고, 국산이라고 파는 주인에게 '그럼 이게 수입산이랑 뭐가 달라요' 라고 물어보고 눈으로 차이를 확인하는 게 내가 할 수 있는 전부다.

## 웃는 얼굴에 침 뱉으랴, 궁금한 건 물어보라

시장에서 잘 모르겠으면 무조건 물어보는 게 장땡이다. 길도 그렇고 좋은 물건이 뭔지도 그렇고 말이다. 대부분은 친절하게 설명해주신다. 특히 도매시장에 대량구매하러 갔을 때는 이것저것 궁금한 것을 주인의 비위를 맞춰가며 물어보는 것이 포인트. 어떤 시장, 어떤 가게에 가건, 주인과 기분좋게 대화하며 구입하다보면 백이면 백 물건을 더 주거나 깎아주기 때문이다. 아무리 싼 것을 사고 조금만 사도 그렇다.

집근처에 재래시장이 없다면 마트나 백화점을 이용하게 되겠지만 해산물, 과일, 고기 등을 좋은 것으로 많이 구입할 때는 도매시장에 가서 구입할 것을 권한다. 남편과 나는 시장구경이라면 자다가도 벌떡 일어나기 때문에 지방에 놀러갈 때도 꼭 재래시장이나 수협, 농협 등에서 운영하는 창고형 매장에 들른다. 바닷가 쪽은 '반드시'라고 해도 좋을 만큼 수산물시장이 가까이에 있게 마련이라 새우나 대게, 꽃게, 조개, 오징어 등이 나타날 시즌이면 나들이 삼아 서해나 동해로 놀러간다. 안되면 노량진수산시장이라도 뜬다. 새우 소금구이나 오징어회 등을 먹고나서 음식점 주인에게 싸고 좋은 거 살 수 있는 장소를 물어보는 식이다. 현지 음식점 주인이 소개시켜주는 곳에 가서 생물이나 좀더 저렴한 냉동제품을 구입하고 명함을 받아다가 맛있으면 다음에 택배로 시켜먹으면 좋다.

## 집 앞 시장이 있다면, 꼼꼼한 구경부터 시작해라

남의 눈치 안 보고 편하게 물건을 집었다 뺐다 할 수 있는 마트에 비해, 시장은 솔직히 불편하다. 집앞 재래시장에 처음 갔을 때 물어보기만 하고 안 사면 화내는 아주머니나 주문한 수량보다 물건을 더 담고서 돈을 더 달라는 아저씨 때문에 곤란한 적도 있었다. 하지만 그런 것 때문에 일일이 스트레스 받을 필요가 없다. 가격도 저렴하고 양은 마트나 백화점의 세 배쯤 되는 야채나 과일을 사고 싶다면 조금 터프해질 필요가 있다. 장사하면서 곤조 부리는 것은 그쪽 마음, 그게 마음에 안 들면 안 사는 것은 내 마음이기 때문이다. 시장 아주머니가 상사나 시어머니도 아닌데 "그건 싫어요" "안 살래요" "이건 하나도 안 싱싱해 보이네요. 이거 말고 저쪽에 있는 걸로 주세요" "혹시 중국산 아니에요?"라고 얘기하는 것도 가슴 떨린다면, 그냥 묵묵히 백화점이나 마트에 가는 수밖에 없다.

시장의 아주머니들에게 필요없는 야채를 뭉태기로 사서 썩혀서 버리기를 몇번 한 다음(물론 가격은 저렴했지만)에는 무조건 달라고 하지 않는다(시장은 반품이 거의 불가능하기 때문에 구입하기 전에 잘 살펴봐야 한다). 꼭 살 것이 아니라면 가격을 물어보지 않기로 마음을 정했다. 시장에서 얼떨결에 구입하고 식품을 버리는 일이 생기지 않으려면 두세 군데 좌판을 어깨너머로 구경한 다음 살 것을 정해서 꼭 필요한 만큼만 구입한다. 이것은 도매시장에도 적용된다.

## 좌판마다 싱싱한 걸로 골라 따로따로 구입하라

시장을 한두 번만 돌아보면 알게 되지만 야채나 나물 등은 한군데서 몰아서 사는 것보다 나물이 좋은 집, 상추가 연한 집, 양파가 싱싱한 집, 버섯이 싸고 좋은 집 등으로 아이템별로 분산시켜 구입하는 것이 훨씬 좋은 물건을 구입할 수 있다. 과일은 제철이라 맛이 흠뻑 든 게 아닌 다음에야 봐도 잘 모르기 때문에 깎아서 먹어보라고 권해주는 것 위주로 산다. 맛이 없는 과일을 만날 수도 있기 때문이다. 내가 자주 가는 단골시장 과일가게 총각이 알려준 바에 의하면 과일은 같은 거라도 주말이 제일 비싸고 월요일과 화요일이 제일 싸단다.

## 도매시장에서 좋은 물건을 건지려면 시간을 잘 맞춰라

집 앞의 시장을 이용할 때는 파장에 오히려 떨이 물건을 싸게 구입할 수 있다. 하지만 큰 재래시장에 야채나 과일을 사러갈 때는 시간에 신경 써서 가야 한다. 가락시장의 과일 파는 청과시장은 새벽 2시부터 오후 3~4시까지가 오픈시간. 도매시장에서 좋은 물건을 구입하고 싶다면 오전이 좋다. 마장동 축산물시장은 새벽 4시쯤 가면 싱싱한 우족과 탱탱한 소곱창 등도 구할 수 있다지만 아침잠 많은 난 구경한 적 없다. 도축장이 사라진 후 새벽에 고기가 들어올 때 구입하는 것이 가장 질 좋은 고기를 고를 수 있다고 하는데, 도매상인이 빠진 후 대여섯시쯤 가면 한갓지다. 대부분의 도매시장은 보통 오후 4시면 파장분위기

여행길에 현지 음식점 주인이 소개시켜주는 곳에 가서 생물이나 좀더 저렴한
냉동제품을 구입하고 명함을 받아다가 맛있으면 다음에 택배로 시켜먹으면
좋다. 새우, 굴, 전복, 갈치, 조기 등의 비싼 해산물 역시 큰맘 먹고
도매시장에서 구입해도 좋은 아이템들이다.

인데 소매하는 곳은 조금 더 늦게까지 문을 여는 곳도 있으니 도매시장 가기 전에 시간을 꼭 체크할 것. 그렇다고 너무 일찍 가면 도매상인에 치여 물건을 제대로 못 살 수 있으니 도매상인이 한바탕 물건을 구입하고 난 뒤 구입하러 가라.

요리책 『테스트 키친』의 저자 차유진 선생님은 가락시장 마니아다. 브로컬리와 파프리카, 생허브 등의 수입야채와 체리, 망고 등의 수입과일이 파격적으로 저렴하기 때문이다. 특히 가락시장에서 친환경 능산물을 헐값에 구입할 때는 너무 좋아서 심박수가 높아진다고 한다. 가락시장 인터넷 홈페이지에는 친환경 농산물을 취급하는 상인들의 전화번호도 검색하면 나오므로 넓은 시장에서 헤매지 않으려면 미리 시장구조를 알아보고 가는 게 좋다. 시장 밖 물건은 허접한 것이 많을 수 있으므로 기웃거리지 말 것.

## 제철 생선은 넉넉히 사두고 냉동시켜라

새우, 굴, 전복, 갈치, 조기 등의 비싼 해산물 역시 큰맘 먹고 도매시장에서 구입해도 좋은 것들. 재래시장은 아침 9시경이 쇼핑하기 좋은데 박스단위로 구입하기 어렵다면 반 박스단위로 구입해서 먹거나 이웃집이나 가족 간에 공동구매 형식으로 구입해서 나누는 것도 방법이다. 나는 고기육수를 싫어해서 고시조개나 바지락조개를 늘 상비해두는데, 마트에서 봉지에 몇쪼가리 들어 있는 한입거리 조개를 사려면 아까워서 눈물이 나올 정도라 봄철이면 수산시장이나 서해안(이모가 서산에 사신다. ㅎㅎ)에서 조개를 5kg 정도 구입해 냉동실에 쟁여둔다. 반은 껍질을 까서 살만 발라내고 반은 소금물에 해캄시켜 껍질째 냉동시켜두면 된장찌개 끓일 때, 전 부칠 때, 스파게티 만들 때 두루 유용하다. 새우나 오징어 역시 제철에 잔뜩 사다가 냉동시켜서 두고두고 먹기에 좋은 아이템. 재래시장에서 알짜배기로 고르다 보면 눈이 월등히 높아지는 걸 느낄 수 있다.

정크푸드와 말도 안되는 요리를 하는 사람들이여! 건강하고 맛있는 음식을 먹자
—제이미 올리버(대영제국 훈장을 받은 영국대표 요리사)

정크푸드와 말도 안되는 요리를 하는 사람들이여! 건강하고 맛있는 음식을 먹자
—제이미 올리버(대영제국 훈장을 받은 영국대표 요리사)

Reform

part 5

# Living

소파, 침대, 커튼, 침대시트 등 일상을 따뜻하게 하는 모든 것

> >10년 동안 동고동락할 전우를 고르는 마음으로 쇼핑하기

pure
Fabric

'의 식 주'에서 '주'가 왜 맨 마지막에 붙어 있는 걸까?
엄청난 내공의 감각이 필요해서? Yes!
진정한 쇼핑의 고수란, 아이디어를 제대로 활용하는 것이다

　　　　　　　　　　　結혼하고 집을 꾸미면서 알게 되었다. '의·식·주'에서 '주'가 돼 맨
마지막에 붙어 있는지. 감각이나 센스도 중요하지만 집을 자신의 스타일에 맞춰 멋지게 꾸미고 살기 위해
서는 옷이나 음식을 사먹는 것과는 비교도 안되게 돈이 많이 필요하기 때문이다. 또 돈을 많이 들인다고
해서 그 집이 멋있느냐 하면, 그것도 아니다. 엄청난 내공을 요하는 감각이 필요하다.

　　잡지사 생활파트의 기자를 하면 한달에도 두세 집씩 예쁘게 꾸민 독자집이나 엄청난 감각과 돈을 투자
한 유명인, 탤런트, 명사의 집을 찾아가 촬영하게 된다. 매달 새로 나온 인테리어 소품과 새로 생긴 가구
숍을 찾아다니고, 다음 시즌의 트렌드를 진단하기를 7년. 그동안 인테리어 업계는 옛날 하이패션 바람(명
품브랜드와 파리와 밀라노의 런웨이, 외국 할리우드 스타들의 옷 입는 스타일)이 일반사람들에게 확실하게 불어와 일상
적인 쇼핑에까지 침투한 것처럼, 명품인테리어 브랜드와 새로운 디자인 트렌드가 저 멀리 강 건너 불구경
이야기가 아니게 되었다. 이사를 하면서 도배장판만 깨끗이 하고 간다는 개념이 아니라 집안 전체의 스타
일을 생각하는 주부들이 늘어나면서 가구와 인테리어 소품의 구입 역시 중요하게 된 것이다.

　　이런 인식의 변화로 인터넷 블로그와 각종 카페에는 집을 멋지게 꾸미고 사는 주부들과 이들이 올린 사

진과 글에 열광하는 20~40대의 주부들이 포진해 있다. 잘 꾸민 집안인테리어 사진 몇장으로 일약 인터넷상의 '스타'가 된 주부들이 책도 내고, 온오프라인에 인테리어숍도 내고, 잡지의 인테리어 스타일리스트로 데뷔하는 경우도 생기는 걸 보면 우리나라의 인테리어 수준이 대중적으로 얼마나 높아졌는지 가늠할 수 있다. 전국의 주부들은 점점 인테리어와 패션코디네이터이자 푸드스타일리스트를 아우르는 라이프스타일리스트가 되어가고 있는 것이다.

이렇게 옷뿐 아니라 집안꾸밈이 그 사람의 취향과 라이프스타일을 대변하게 되면서 가구를 비롯한 집안인테리어에 대한 기대치 역시 무척 높아졌다. 연예인들 집도 척척 고쳐주고 잡지화보의 세트스타일링을 도맡아하는 잘나가는 인테리어 코디네이터들과 일하느라 눈이 높아질 대로 높아진 나 역시 결혼을 하면서 잠깐 꿈을 꾸었다.

'
집은 살기 편한 구조로 수납도 척척 잘되도록 살짝 개조하고(마감재와 인건비를 모두 포함하더라도 2천만원은 넘지 않겠지) 가구는 많이 사지 않더라도 고르고 골라 대를 물려 쓸 수 있는 것으로 사야지. 가구가 돋보이도록 한쪽 벽면 정도는 수입벽지로 커버링하고 가전제품이 흉하게 밖으로 보이지 않도록 수납장을 짜맞춰 장 안에 쏙 들어가게 말끔히 정리해야겠다. 집안의 마무리는 조명이라니까 주방이나 거실조명은 디자이너가 만든 걸로 하나쯤 욕심내도 되겠지'라고 생각해두었다.

　하지만 친한 코디네이터언니에게 그 뜻을 비추자마~자 "시끄러!!!"라는 말을 들었다. 여윳돈이 많거나, 그 집에서 최소 5년 이상 살 것이 아니라면 빚 얻어 장만한 작은 아파트에 웬 공사냐는 말이었다. 물론 19평 전셋집도 예쁘게 공사하고 사는 사람도 있겠지만 작은 집은 값비싼 가구나 근사한 마감재가 돋보이는 공간이 아니므로 감각(이도 아니라면 '사랑!')으로 채워도 된다고 했다. 한참 전국 아줌마들의 마음을 강타했던 '꿈의 샹들리에' 역시 언니의 반대로 구입하지 못했다. 지금 생각해보니 언니가 말려준 게 천만다행이다. 시간과 자금에 쫓겨 허둥허둥 집안을 채우고 보니, 완성된 것을 평가하는 높은 눈과 실제로 내 집을 꾸미는 감각에는 북극 빙산의 숨겨진 깊이만큼이나 차이가 있다는 것을 깨닫게 되었기 때문이다.

　개조비용만 1억 들여 고친 집이 한심한 수준과 감각으로 1등 먹을 수도 있고(실제로 봤다). 1백만원도 채 안 들인 집이 누가 봐도 스타일리시할 수 있다(나는 못하니까 순순히 인정하기 억울하지만 이런 집 진짜 많다). 감각을 다듬고 폼나게 실행하려면 인테리어 분야는 조금 장기적으로 덤벼야 한다는 걸 깨달았기 때문이다.

# 목돈 없어도 된다!
# 가구 쇼핑의 노하우

기숙사에서 자취생활할 때 처음 산 싸구려 5단 플라스틱 서랍장을 10년 동안 끌고 다니면서 생각했다.

'잠깐 쓸 건데 싼 거 사야지, 하는 마음으로 구입한 이놈이 눈 질끈 감고 내다버리지 않는 한(버리는 데도 돈이 든다) 앞으로 50년, 아니 내가 죽고나서도 100년은 거뜬할 것 같으니 어쩐다. 이럴 줄 알았으면 초록색만은 피하는 건데……'

거기다 신혼 때 멋도 모르고 가구 사면 1년도 안되서 후회한다던 말을 위안삼아 침대와 2인용 소파 빼곤 다 얻어 썼는데, 얻어 쓴 가구를 버리지도 못하고 '죽을 때까지 사는 건 아닐까' 하는 엄청난 공포감이 밀려온 것이다.

## 유행은 돌고 돈다! 수납 기능에 염두하라

내가 만난 가구전문가들이 입을 모아 수긍하는 가구의 기본법칙이 있다. 그건 하나를 사면 적어도 10년은 넘게 사용한다는 것과 유행은 돌고 돈다는 것, 장식가구도 수납을 염두에 두고 구입하라는 것이다. 실제로 일년이 멀다하고 이사를 다니면서 가구를 길바닥에 굴려서 망가지지 않는 한 원목가구가 아니라 합판에 코팅판을 붙여 만든 싸구려 가구라도 10년은 끄떡없다.

그러니까 아무리 사소한 가구(베란다 창고 안에 쌓아놓을 공간박스나 철제선반일지라도)라도 처음 구입할 때 집안의 전체적인 분위기와 내 취향을 고려해야 한다는 것이다. 아니면 볼 때마다 당장 버리고 다시 새로 사고 싶어질 테니까! 평온하게 잠자리에 든 새벽, 머리맡의 3단 서랍장을 당장 내다버리고 싶어서 벌떡 일어나

서 씩씩거렸다는 모주부의 말에 나도 공감하는 바이다.

　그렇다면 10년은 써야 하는 가구를 구입하기 위한 기본 노하우는 뭘까? 첫째는 원하는 스타일을 정할 것. 이를 위해 멋진 디자인의 좋은 가구와 소품을 구입할 수 있는 인테리어 매장과 모델하우스 등을 돌아다니는 발품도 필수지만 인테리어 잡지를 틈틈이 보면서 마음에 드는 스타일을 스크랩해 두고 그 가구와 소품 등의 구입처를 알아두는 센스도 필요하다. 둘째는 그 스타일에 맞는 브랜드와 가격대를 시장조사할 것. 셋째는 가구를 무턱대고 구입하기 전에 가구배치도를 그려봐야 한다는 것이다. 널찍한 평수의 인테리어숍이나 모델하우스에서는 딱 알맞은 사이즈로 보였던 가구가 막상 우리 집에 들어왔을 때 가구규모에 압도당해 사람이 편하게 발 뻗을 자리도 안 남을 수 있기 때문이다. 사이즈까지 가늠하기 위해서 방과 가구의 치수까지 맞춰서 그려보는 것이 좋다. 넷째가 가장 중요한데, 꼭 필요한 기본가구

(생각해보면 침대 매트리스와 옷장 정도를 제외하고는 당장 꼭 필요한 가구가 있을까? 소파나 식탁 등은 없으면 없는 대로 살 만하다) 먼저 구입하고 나머지는 살면서 천천히 구입하라는 것이다. 신혼집을 꾸미거나 이사를 갈 때 가장 쉽게 저지르는 실수가 집을 완벽히 꾸며놓은 상태에서 들어가 살고 싶은 마음에 세트로 가구를 구입하거나 충분한 시장조사 없이 충동적으로 필요한 가구를 구입하는 것이다.

장롱, 침대, 베드사이드테이블, 서랍장, 화장대, 식탁, 책상, 소파, 티테이블, 거실장식장까지 모두 사려면 아무리 싼 걸 사도 가격이 만만치 않다. 좁은 집에 굳이 필요치 않은 아이템은 과감히 생략하고 대신 자신이 중요하게 생각한다거나 오래 사용할 물건, 집안분위기를 좌우하는 물건은 좋은 것을 산다. 예를 들어 소파는 한번 사면 정말로 10년은 사용하는 가구이자 가족이 모두 모이는 거실분위기를 결정하는 중요한 품목. 그리고 싸구려를 사면 가장 후회하는 종목이기도 하다.


## 앤티크&빈티지 가구는 고르는 이의 안목을 테스트한다

우연한 기회에 인연이 닿아서 얼마 전 3개월 정도 신사동 가로수거리에 있는 고급 인테리어숍의 홍보를 맡았던 적이 있다. 요즘 안목 있는 부자들이 어떤 가구를 사고, 세계적인 가구와 인테리어 트렌드가 어떤지 현장에서 배울 수 있는 기회였다. 예전에는 인테리어에 관심있는 상류층(딴나라 얘기가 아니라 우리나라에도 분명 있었다)들이 프랑스나 영국의 고급 앤티크가구를 수집하는 것이 트렌드였다면(제대로 된 앤티크가구는 시간이 지날수록 가치를 발하고 되팔 때 더 비싸게 팔 수 있는 재산의 개념이라고 한다) 요즘은 20세기 초반에 활동하던 찰스&레이 임스, 조지 나카시마야, 장 푸르베 등의 디자이너 빈티지가구가 트렌드로 떠오르고 있다. 1920년대에 디자인됐다는 의자나 조명을 보면 처음에는 '이게 뭐?!' 하다가 보면 볼수록 그 단순하고 심플한 멋에 반하게 된달까. 가구에 대해 잘 모르는 나조차도 한 개에 60만원쯤 하는 임스의 의자를 마음속

위시리스트에 슬며시 올려놓은 것이다. 물론 이런 가구를 제대로 돋보이게 하려면 화랑같이 널찍하고 텅 빈 공간에 예술작품 전시하듯 놓아야 하지만 말이다.

이런 명품디자이너 가구가 아니더라도 집에 있는 가구를 리폼하거나 동대문풍물시장, 재활용센터 등에서 오래된 가구를 주워다가 리폼하는 것도 나만의 재산을 늘리는 방법이다.

'안여사는 돈 안들이고 집 고치는 비법을 알고 있다' 라는 긴 제목의 책의 편집자로 촬영과 원고를 핸들링하면서 만난 안지영씨는 나에게 가구리폼(사포와 페인트, 열의만 있으면 누구든 할 수 있다)으로 어떤 값비싼 가구 못지않은 작품을 만들 수 있다는 것을 보여줬다. 어느 한가한 토요일 오후, 마트나 백화점에 가는 대신 동대문풍물시장이나 장안동 앤티크거리, 동네 재활용센터로 발길을 돌려보자. 그곳에는 8만원짜리 재봉틀과 4만원짜리 빈티지 트렁크부터 단돈 천원에 운치 있는 그림액자를 구입할 수 있다. 없는 것 빼고 다 있는 그곳에서 새 물건의 10분의 1도 안되는 가격의 보물을 만나보라. 물론 가구 리폼해서 헛수고하지 않으려면 디자인이 심플한 원목가구나 철제가구여야 하는 것이 기본이다.

우리나라는 아직 앤티크나 빈티지에 대해서 '줘도 안 가질 것' 이라거나 '누가 쓰다 버렸는지 모를 찜찜

한 것'이라는 생각을 하는 사람들이 많다. 하지만 그런 식으로 생각한다면 식당에서 밥을 사먹거나 카페에 갔을 때 누가 거쳐 갔는지도 모르는 의자와 테이블, 식기를 쓰는 것 역시 찜찜한 일이라고 생각한다. 파리에 놀러 갔을 때 구경하며 가장 신났던 곳이 골목골목 앤티크와 빈티지 소품이 가득 찬 클리냥쿠르 Clignancour 벼룩시장이었다. 미국이나 유럽 등에서는 꼭 상설벼룩시장을 찾지 않더라도 주말이나 마을행사 때 집 앞에 안 쓰는 물건을 팔고 교환하는 벼룩시장이 열린다. 누가 이사라도 가면 그 집 창고에 잠들어 있던 대대로 물려 쓰던 앤티크 그릇과 식기, 램프, 테이블 매트 등을 1달러도 안되는 가격에 구입할 수 있는 횡재도 만난다. 나는 아직 벼룩시장에 내놓을 만한 멋진 물건은 없지만 우리나라도 빨리 이런 시장이 활성화되서 물물교환이 이루어졌으면 하는 바람이다.

단, 앤티크나 빈티지 아이템을 구입할 때는 목적을 정확히 세우고 가는 것이 좋다. 마음에 든다고 덥썩 구입하기보다는 시장을 전부 돌아본 다음 주인과 가격을 흥정하는 것이 중요하다. 초보자는 충동구매했다가 프리마켓에서 보물이 아닌 쓰레기를 건지는 일이 허다하기 때문이다. 물론 쓰레기냐 보물이냐는 개인적인 문제지만 말이다.

## 확실히 싼 가구거리를 적극 활용하라

우연찮게 아현동가구거리와 사당동가구거리에서 각각 3년 이상 살았던 경험이 있으며, 논현동가구거리와 을지로가구거리를 촬영과 시장조사차 뻔질나게 드나들어본 경험에 의하면 가구거리라고 다 비슷한 물건을 판매하는 것도 아니라는 것. 같은 거리에 있더라도 집집마다 똑같은 물건이 1~2만원씩의 가격 차이를 보인다는 것이다. 아현동가구거리와 사당동가구거리는 브랜드보다 실속을 따지는 사람에게 적당하다. 가구공장을 직영하는 가구매장들이 대부분이어서 중저가 제품들이 많다. 베란다나 주방에 들여놓을 수납가구를 사기에 가장 알맞은 곳이기도 하다. 중고가구, 전통가구, 철재가구 등 각종 가구들이 망라돼 있다. 집에서 막 쓰기 편한 사무용가구와 사제 수납가구 등이 많은데 특히 10만원 내외의 서랍장과 전자레인지대, 선반장 등 아이디어 수납가구를 구입하고 싶다면 꼭 들러볼 것. 매장에 원하는 제품이 없더라도 카탈로그를 보고 주문하면 가져다준다.

어느 시장이나 마찬가지지만 차에 들어가는 소가구를 직접 운반할 경우 배달비만큼 깎아달라고 하면 1~2만원 정도의 에누리가 가능하다. 디자인이 예쁜 의자나 조명 등을 구입하려면 을지로가구거리를 추천한다. 똑같은 물건이라도 논현동가구거리에 있는 것보다(같은 가게의 분점이라도) 가격이 20%정도 저렴하다(땅값 때문일까?). 을지로가구거리는 국산도 많지만 명품브랜드나 디자이너가구를 카피한 제품이 많아 아무리 눈이 높은 사람도 마음에 쏙 드는 디자인을 찾을 수 있다.

논현동가구거리는 카피제품보다는 브랜드와 명품수입가구 등을 주로 판매하는데 아무래도 가격대가 비싼편. 웬만한 가구 브랜드들이 한곳에 밀집되어 있어 쇼핑하기 편하다는 장점이 있다. 논현동과 청담동 일대의 가구거리에서 마음에 드는 디자인을 찾아보고 수도권의 가구단지를 돌며 저렴한 가격대의 비슷한 디자인을 찾아보는 것도 쇼핑 노하우. 그 숍에다가 직접 제작을 부탁하면 만들어주는 경우도 있다. 촬영차 만난 한 주부는 '아르마니까사'의 600만원대 식탁의자 세트와 천만원대의 가죽소파를 훨씬 저렴한 가격에 똑같이 카피했다고 귀띔했다. 디자인이 심플하면 할수록 똑같이 제작할 수 있다.

## 인터넷의 바다에서 물건 건지기

　옷장, 침대, 식탁, 소파, 티비장, 서랍장까지 신혼가구 전부(앤티크 뷰로 빼고)를 인터넷으로 구입한 내 입장에서 조금만 까탈스럽게 살펴보고 따져보면, 인터넷은 저렴할 뿐 아니라 일반 오프라인보다 덜 힘들여서 오프라인 매장에서는 찾아보기 힘든 독특한 디자인을 발견할 수도 있는 훌륭한 쇼핑장소다. 그러나 매장을 돌며 발품 파느라 몸이 고된 것보다는 덜 하지만 온라인 역시 마음에 꼭 드는 물건을 찾으려면 상당한 시간과 노력을 투자해야 하고 저렴한 가격을 우선하다보면 품질에도 너무 큰 기대를 해서는 안된다. 가격대비 좋은 제품을 구입해서 실속 있게 쓰려는 마음으로 쇼핑하라는 얘기다. 내 경우는 장롱, 식탁, 서랍장, TV장, 소파 등 거의 모든 가구를 인터넷에서 이케아(IKEA, 스웨덴 생활용품 브랜드) 제품을, 기타 소가구와 책장, 시디장 등은 인터넷 전용가구를 구입했다. 18평 남짓한 신혼살림에 너무 큰돈을 쓰기도 그렇고(사실 돈도 없고) 일반적으로 구입하는 신혼가구의 획일적인 디자인이 싫었던 까닭에 선택한 것이었는데 힘들여 가구단지를 헤매지 않고 돈을 아껴 구입한 것치고는 상당히 만족스러운 편이다. 시간도 돈도 없는 나 같은 사람에게 인터넷은 쇼핑플레이스가 산지사방으로 흩어져 있는 인테리어 용품을 가뿐하고 즐겁게 물건을 돌아보고 살 수 있는 루트다.

**디자인은 물론 재질을 꼭 살펴라** 물건을 사기 전 확대사진, 세부사진 등등을 화면이 뚫어져라 탐독한 후 혹시 있다면 인터넷을 뒤져 온라인 카달로그를 다운받아 세심하게 살펴본 후 오십 개쯤 되는 사이트를 뒤져 가격을 비교하고 할인율을 체크하며 위시리스트에 담았다 빼다를 반복하면서 고민을 거듭하다가 결국 마음을 정하고 주문한 경우라도 물건이 배달되어 떡 하니 눈앞에 보일 때까지는 마음이 놓이지 않는 것이 인터넷쇼핑의 단점이랄까?

내가 산 이케아 가구들은 일단 가격 저렴하고 직접 조립을 해야 한다는 점에서 조금 힘이 든 것은 사실이지만 내추럴한 원목으로 만든 식탁이나 서랍장, 책상 등은 무척 만족스러웠다. 단, 결과는 만족스러웠으나 화면으로 본 이미지와 눈앞의 실물의 느낌은 상당히 달랐다는 점은 짚고 넘어가야겠다. 이런 오류를 조금이라도 줄이기 위해서는 고객후기를 꼼꼼히 읽어보고 가격과 디자인만 보지 말고 원목인지 MDF인지, 도장한 제품인지 재질까지 꼼꼼히 따져보고(재질의 고급스러움이 전체적인 느낌을 좌우한다) 구입한다. 물론 재질에 따라 가격차이가 나는 것은 당연하다. 비슷한 제품이 있는데 가격이 너무 차이가 난다면 두 제품의 재질을 꼼꼼히 비교한다. 겉모습은 똑같아 보여도 싼 재료를 사용하면 그만큼 가격이 저렴해지기 때문이다.

특히 2인용 이상 되는 큰 소파, 장롱은 인터넷 구매를 하더라도 가급적 오프라인 시장조사를 꼭 하고, 구입한 이들의 후기를 꼼꼼히 읽어본 후 사는 것이 안전하다.

**저렴하고 품질 좋은 인터넷 전용가구를 공략하라** 인터넷에서 판매하는 가구는 '오프라인 매장도 운영하고 온라인 판매도 하는 제품'과 '온전히 인터넷 판매만 하는 제품'이 있다. 어떤 것을 사야 할지 모르겠다면 인터넷에서도 브랜드중심으로 구매하는 것이 낫다. 디자인도 무난하고 무엇보다 믿을 수 있는 A/S가 강점이지만 가격은 사제가구보다 비싸다. 한샘, 보르네오, 리바트 등은 온라인 전용브랜드를 출시

해 저렴한 가격으로 판매하고 있으며 까사미아, 올리브데코 등의 제품도 온라인으로 구입할 수 있다. 사제가구라도 소비자 리뷰 등을 잘 살펴보면 인터넷에서도 품질이나 디자인이 좋아 인기를 얻고 있는 브랜드를 알 수 있다. 철재 프레임과 나무, 유리의 매치가 세련된 FM디자인의 책장과 테이블류, 스칸디나비아 스타일의 비비드한 컬러와 소재가 멋진 소파, 장식장, 테이블 등 소가구를 판매하는 테스투도Testudo 제품 등은 인터넷에서 판매하지만 가격과 디자인 등이 훌륭하다.

**싸게 사고 싶다면 판매자와 직접 통화하라** 옥션이나 G마켓, 인터파크 등 큰 쇼핑몰에는 개인판매자가 입점해 물건을 판다. 개인판매자가 많은 사이트는 기성제품과는 다른 디자인과 사이즈의 제품을 구할 수 있어서 좋다. 판매자와 직접 통화해서 사이즈나 색상, 재질에 대해 상세히 물어보고 원하는 디자인인데 사이즈가 맞지 않을 경우에도 돈을 얼마 더 주고 원하는 사이즈로 맞춰 구입할 수 있는지 알아본다. 판매자가 모델을 한두 개밖에 안 올렸더라도 다른 디자인을 부탁하면 주문제작을 해주는 경우도 있고 이런 식으로 다른 물건도 주문하면서 경우에 따라서는 할인도 받을 수 있는 것이 매력이다.

'잠깐 쓸 건데 싼 거 사야지, 하는 마음으로 구입한 이놈이 눈 질끈 감고 내다버리지 않는 한 앞으로 50년, 아니 내가 죽고나서도 백년은 거뜬할 것 같으니 어쩐다. 이럴 줄 알았으면 초록색만은 피하는건데……'

# 소품,
# 토털 리빙숍을 공략하라

인테리어 소품은 작지만 큰 힘을 발휘한다. 액자 하나, 화분 하나에 그 사람의 스타일을 보여줄 수 있는 '화룡정점' 아이템이랄까.

쇼퍼홀릭이라면 발길 닿는 곳, 눈길 닿는 곳 어디서든 마음에 드는 소품을 구입할 수 있지만 가장 만만한 쇼핑플레이스를 따지자면 백화점과 브랜드 로드숍, 그리고 인터넷과 시장 사이에 위치한 토털 리빙숍이 있다. 저렴하기로 따지자면 2001 아울렛의 모던하우스와 킴스클럽의 홈에버, 폴리엠과 영플라자의 무지(무늬가 없는 원단)일 것이다. 앞의 두 곳이 로맨틱, 새비쉬크 무드라면 폴리엠과 무인양품은 좀더 젊은 층이 좋아하는 곳으로 모던, 내추럴 감각이 가득하다. 인터넷사이트까지 포함한다면, 우리나라에는 안타깝게도 아직 정식매장이 없지만 수많은 마니아를 거느리고 수백만개(?)의 사이트에서 판매하고 있는 이케아 제품도 눈여겨볼 만하다.

## 로맨틱 무드에 목마른 주부들의 오아시스

모던하우스와 홈에버는 저렴하면서도 싼 가격이 무색할 만큼 품질 좋은 제품을 찾을 수 있다. 원단 값도 안될 만큼 싼 패브릭 소품들은 부지런한 MD님들께서 동남아 등지의 공장을 덮쳐 판매루트를 뚫어 저렴하게 판매하는 등 갖가지 수고로움을 감내해주신 덕분이라 한다. 특히 랄프로렌이나 심슬리 쉐비식, 로라애슐리 같은 고가 브랜드에 납품되는 원단(원자재는 대부분 제3국에서 생산, 제조하므로)을 가지고 다른 디자인으로 만들어 파는 것도 많다. 모던하우스나 홈에버에서 랄프로렌과 완전 흡사한 원단을 가지고 모던하우스식 누빔 디자인으로 만들어서 저렴하게 팔고 있는 것을 본다면 이들의 패브릭 소품은 저렴하지만 결코 싸구려는 아니다.

## 모던 내추럴 스타일 신봉자들을 위한 쇼핑플레이스

폴리엠과 무인양품 이 두 곳은 의류제품부터 부엌살림, 가구, 욕실용품까지 거의 모든 생활용품을 판매한다. 폴리엠은 주로 실용적인 모던스타일을, 무인양품(무지 MUJI)은 일본식 모던 네추럴스타일이다.

폴리엠은 면소재 침구류와 저렴하고 실용적인 부엌용품과 생활소품이 잘 갖춰져 있으며 무지는 침구와 패브릭도 좋지만 도자기 제품, 그리고 값은 좀 비싸지만 자작나무로 만든 침대, 식탁, 책상 등 가구의 자연스러운 느낌이 마음에 든다. 좋은 소재의 실용적인 제품을 비교적 저렴하게 판매하고 있으므로 인터넷으로 상점 위치를 파악한 뒤 둘러봐도 좋을 것이다.

# 가장 돈 적게 들이고 티나는
## 패브릭 핸드메이드

신세계백화점에서 '폴로 랄프로렌' 침구개장이 철수할 때 벌였던 굿바이 세일현장을 목격한 적이 있다. 굿바이세일이라도 꽤 부담스러운 가격이었는데, 물건 내놓은 지 얼마 지나지 않아 토네이도가 한판 휩쓸고 지나간 것처럼 물건이 거의 남아 있지 않았다. 그때는 이게 웬 난리인가, 했지만 결혼한 지금에서야 생각하면 '내가 왜, 그때 이불 하나도 사놓지 않았단 말인가!' 하며 통탄할 따름이다. 어떤 여자들에게는 침대 옆 드레서 안에 정갈하게 착착 보관해놓은 침구세트가 살림의 로망(?)이다. 잠자리에 들기 전에 새하얀 린넨 시트를 다림질로 싹 다려서 베개모퉁이를 맞춰 세팅하는 꿈도 꾸었더랬지. 결혼전선에 뛰어들어보니, 이런 것은 밥해주는 입주가정부와 출퇴근파출부가 동시에 있어야 가능한 것이라는 걸 단박에 깨달았지만 말이다. 하지만 적게는 몇백만원에서 몇천만원까지 엄청난 비용이 들어가는 인테리어 공사에 비해 단돈 몇만원으로도 집안분위기를 달라지게 하는 패브릭은 가장 만만한 주부의 인테리어 파트너일 것이다.

살림을 구입하면서 마련하게 되는 패브릭은 침구와 커튼이 가장 대표적. 결혼하기 전부터, 침구는 인터넷에서 폴로 랄프로렌, 이케아, 로라애쉴리, 셰비시크 시트세트를 구입하기로 결정했었다. 폴토 랄프로렌의 빈티지한 블루톤 꽃무늬 침구와 해지원단의 침구, 이불커버와 베개커버가 10만원도 안되는 만만한 이케아의 화이트 침구, 겨울에 특히 따뜻하다는 로라애쉴리의 플란넬 침구세트로 말이다.

침구는 동대문에서 제작하거나 기성품을 사는 것도 좋지만 폴로 랄프로렌이나 로라애쉴리 등의 수입

침구세트를 적극 활용한다. 외제 맹신주의자가 되고 싶지는 않지만 솔직히 말해 같은 꽃무늬라도 진짜 때깔이 다르다. '로맨틱' '플로랄 프린트' 라 하면 질색 팔색 하는 까다로운 내 남편도 셰비시크(미국동부의 부자들이 애용한다는 브랜드!)의 플로랄 프린트만큼은 만족해했다.

이불, 베개커버, 매트리스커버 등을 완제품으로 구입하면 아무리 이름 없는 브랜드라도 30~50만원은 넘게 줘야 하건만(럭셔리 침구세트는 4백만원을 호가하는 것도 물론 있다), 인터넷사이트에서 판매하는 랄프로렌 시트세트(베개커버 2장, 매트리스커버, 홑겹시트 1장)를 15만원 내외에 구입하면 동대문이나 고속버스터미널 등의 가공소에 맡겨 토털 20만원선에 고급 침구세트를 마련할 수 있다. 원가와 비교도 안되게 저렴한 이유는 인터넷사이트에서는 미국 아울렛매장에 나온 제품을 구매해서 판매하기 때문이다. 이 시트세트로 꼭 침구세트를 만들어야 하는 것은 아니고 베개커버, 쿠션, 커튼 등으로 다양하게 활용할 수 있다.

## 백화점은 매대의 차렵이불과 베개가 좋다

백화점에서 에트로 쿠션을 봤다. 20만원에서 1만원 빠지는 가격이다 보니 예뻤다. 230만원짜리 퀼트 스프레드도 고급스러움이 절절 흘렀다. 에트로 가방은 별로지만 에트로 홈데코라인은 패턴이며 색감이 참 마음에 든다. 저걸 덮고 있으면 좋은 꿈, 럭셔리한 꿈을 절로 꿀 것만 같다. 200만원대의 피터리드나

페리 침구도 누가 준다면 얼마나 좋을까 하는 생각을 한다. 많이 양보해서 40만원대의 파코라반이나 엘르데코 침구도 예뻤다. 하지만 아무리 쇼핑에 눈이 먼 나라도 백화점 침구매장에서는 기획세트로 판매하는 매대상품 아니면 일절 만져보지도 않는다(만지다가 때가 타면 사라고 할까봐 겁나서 ㅜ·ㅜ). 대신 백화점 매대에서 판매하는 피에르 가르뎅류의 브랜드 차렵이불이나 1~2만원짜리 누비매트는 꼭 한번 살펴본다. 브랜드 기획상품이거나 재고상품인 경우가 많아서 가격대비 품질이 좋은 것이 많기 때문이다. 동대문 가공소에 맞추는 것보다 바느질도 꼼꼼해서 마음에 든다.

매대가 아닌 곳에서 얼쩡거린 것은 베개를 살 때. 동대문에서 5천원에 손쉽게 구입할 수 있는 일반 솜베개는 금세 푹 꺼지는 데다가 너무 푹신하고 높아서 자고 일어나면 목이 아프다. 이런 화학솜 베개는 진드기와 벼룩의 온상인데다 햇빛에 말려도 별소용이 없기 때문에 몇개월에 한번씩 버려줘야 한다. 솜베게, 라텍스베개, 국화베개, 메밀베개 등 싼 것부터 비싼 것까지 다 써봤지만 누웠을 때 목이 꺾이지 않고 적당히 탄력 있는 베게는 쉽게 나타나지 않았다. 미친 듯이 찾다가 출장 갔던 외국호텔의 베개가 딱 마음에 들어 커버를 벗겨보니 '던롭필로' 브랜드였다. 4일 동안 자면 잘수록 베개가 마음에 들어 한국에 와서 물어물어 구입했다. 10만원 내외의 가격이었지만 백화점 3개월 할부로 구입. 3년이 넘게 형태도 변함없이 잘 쓰고 있다.

## 인터넷쇼핑몰의 10만원대 명품브랜드

폴로 랄프로렌, 노티카, 로라애쉴리, 마사 스튜어트, 셰비시크 등의 브랜드 침구, 식탁보, 커튼, 테이블 매트 등을 1~10만원 내외의 저렴한 가격에 구입할 수 있는 인터넷쇼핑몰이 없었다면 내 인생은 얼마나 심심했을까? 더구나 이불커버와 베개커버를 6만원대에 판매하는 이케아 침구를 보고 받은 놀라운 문화적 충격은 그게 중국 이케아매장에서 1만원대(물론 세일해서) 팔고 있다는 얘기에 가격과 품질은 어느정도 비례한다는 통념을 확~엎었다. 그때 중국 이케아에 갔던 선배가 내거 안 사온 것을 아직도 만날 때마다 원망하고 있다.

이 침구를 구입해서 그냥 쓰는 것이 아니라 한 장짜리 홑겹 플랫시트 뒷면에 국산 원단을 대던가 다른 플랫시트를 겹쳐서 이불을 만들고(솜을 넣으면 솜이불이 된다), 입구가 툭 터진 베개커버에 러플이나 레이스, 파이핑을 더하고 지퍼를 다는 등의 공정을 거치면 더욱 편리하게 사용할 수 있다. 침구뿐 아니라 냅킨에 뒷지를 대면 쿠션이 되고, 테이블보나 패브릭 샤워커튼에 끈을 달아 봉커튼을 만드는 등 다양한 활용이 가능하다. 좋은 품질의 물건을 저렴하게 구한다고 끝이 아니다. 아이디어와 손맛을 더해 더 좋게 활용하는 것이야말로 진정한 쇼핑의 고수라 할 수 있다.


인터넷에 접속하면 자동적으로, 하루도 빠지지 않고 들러보는 사이트들에서 세일할 때 바로 낚아채는 기쁨도 버릴 수 없다. 이 사이트들에는 이곳에서 구입한 침구로 집을 꾸며놓은 주부들의 사진을 올리는 코너가 있어서 구입하면 바로 따라할 수 있는 침구매치법을 배울 수 있다. '폴로 페이플로랄, 하버블루, 샴브레이, 브롬리' 등 각 침구프린트의 이름까지 줄줄 외우시는 고수님들을 보면 난 아직 멀었구나 하는 생각에 무릎을 털썩 꿇고 마는 것이다. 제이홈스 www.jhomes.co.kr, 맘앤키즈 www.momandkids.co.kr, 와우미라클 www.wowmiracle.com, 마리스룸 www.marisroom.co.kr, 샐리가든 www.sallygarden.co.kr, 코튼테일 www.cottontail.co.kr, 피오

니홈즈www.peonyhomes.com 등이 자주 드나드는 사이트로 몇년째 즐겨찾기 리스트의 윗부분을 차지하고 있다. 이곳들은 패브릭뿐 아니라 폴로나 로라애슐리, 노티카, 캐시키드슨 등의 잠옷, 각종패션 액세서리, 그릇, 앤티크 소품 등 다양한 아이템을 센스 있는 주부의 안목으로 골라놓은 인터넷 속의 컬렉트 숍이라 할 만해 구경하는 재미가 쏠쏠하다.

**원단과 제작을 저렴하게 책임지는 동대문종합시장**

신혼집에 커튼을 달아야겠는데 치렁하게 늘어지는 기존의 커튼은 싫고 마트에서 판매하는 로만셰이드는 너무 공장에서 찍어낸 것 같아서 동대문 원단시장을 꽉 잡고 있는 인테리어 코디네이터 언니와 동대문을 찾았다(매달 몇년째 들르는 곳이었지만 원단시장은 옷시장보다 미로 같아서 꼬불꼬불 돌다보면 어디가 어딘지 모르기 때문에 잡지나 인터넷사이트에서 원단 예쁘다는 집의 동호수를 미리 적어놓고 가야 헤매지 않는다). 가장 만만하게 들르는 2층에는 프린트 면원단이 가장 많지만 3층은 해지, 레이스, 단색원단 등을 도매로 저렴하게 판매하는 곳이 많다며 언니는 3층으로 나를 이끌었다. 동대문에도 대한방직, 충남방직, 인하우스 등의 면 품질이 좋은 브랜드 원단이 있는데, 3층 구석진 원단가게에서는 이런 브랜드 원단의 재고를 거의 반값인 2천원선에 판매하고 있다는 것이다. 거실용 로만셰이드 원단 열 마, 화이트 레이스원단으로 침실용 로만셰이드 원단 다섯 마 정도(오래전 일이라 마 수가 정확하게 생각나지 않지만 창문의 사이즈를 적어가서 몇센치 폭으로 만들 거라고 얘기하면 알아서 원단을 끊어준다), 소파 커버링용 캔버스 원단 열 마를 끊고 차력쇼를 벌이는 사람처럼 양쪽 어깨에 원단봉지를 척 걸친 뒤 질질 끌고 가공소가 몰려 있는 지하층으로 내려가다 보니 식은땀이 줄줄 나면서 머리가 어질어질했다.

비좁은 원단가게 사이를 세 시간 동안 누비고 다녔더니 목이 칼칼하고 잔머리 위에는 원단 먼지부스러

기가 달라붙어 있었다. 우아하게 돈 주고 맡기면 좋았을 걸, 이 고생을 왜 하고 있나 하는 생각이 절로 들었다. 하지만 짜잔~ 원단가격과 공임비를 모두 합해서 거실의 로만셰이드와 침실의 로만셰이드, 소파 커버링 원단(공임제외)까지 15만원도 채 안 들었다.

물론 내가 남는 돈 아껴서 저금하는 건 아니고 그 돈으로 다시 쇼핑에 나서는 사람이긴 하지만 남들이 몇십만원 들여서 맞추는(때로는 몇백만원) 커튼을 10만원선에서 해결봤다고 생각하니 뿌듯함이 앞설 따름이다. '지금 이렇게 땀 흘리며 살림을 시작했지만 나중에 돈 많이 벌면 천만원대 견적의 이노블라인드를 맞춰야지 히힛' 뭐 이런 생각을 하면서 말이다. 여하튼간에 원단을 끊어서 제작을 맡기면 웬만한 이불과 베개커버 세트도 10만원선이면 맞출 수 있는 곳이 동대문이다. 1층의 완제품 매장에서 구입해도 20만원대면 침구풀세트를 구입할 수 있다. 이외에도 남대문중앙상가 C동, 고속버스터미널 경부선 2층과 4층의 매장에서도 백화점보다 훨씬 저렴한 가격에 마음에 드는 침구를 구입하거나 맞출 수 있다.

동대문 원단의 활용과 만들기는 외국의 인테리어 잡지나 우리나라 인테리어 잡지, 숍을 돌아다니다가 촬영한 사진 등을 시안삼아 해도 좋지만 솜씨 좋은 세 아이의 엄마 루나홈www.lunahome.net, 머쉰 퀼트를 감각적으로 만드는 앤볼린www.1001anne.co.kr, 만들기의 달인들이 모여 있는 네스홈cafe.naver.com/nesshome.cafe에서 보면 많이 참고가 된다.

지하층은 물론 2층의 새마을금고 옆면(찾기가 조금 어렵지만 물어보면 다들 친절하게 알려준다)의 가공소에 맡기면 간단한 것은 한두 시간 안에, 좀 큼직한 것은 이삼일 뒤에 찾을 수 있다. 가격대는 이불커버 3만원선(얇은 패딩솜과 지퍼 등 부속 포함), 베개커버 4~5천원선(패딩과 지퍼 포함) 등으로 동대문 가공소는 고속버스터미널보다 확실히 저렴하지만(품당 몇천원에서 많게는 1만원선까지) 마감이 완벽 꼼꼼하지는 않은 것 같다. 공정이 까다롭지 않은 테이블매트, 이불커버, 베개커버 등은 동대문을 추천한다.

좋은 품질의 물건을 저렴하게 구한다고 끝이 아니다. 아이디어와 손맛을 더해 더 좋게 활용하는 것이야말로 진정한 쇼핑의 고수라 할 수 있다. 동대문종합시장에서 발품을 판 결과, 원단가격과 공임비를 모두 합해서 거실의 로만셰이드와 침실의 로만셰이드, 소파 커버링(공임제외)까지 15만원도 채 안 들었다.

## 보세원단 구입하는 인터넷사이트

홍대 프리마켓에 가방과 인형 등을 만들어 판매하는 작가들을 모아 책을 만들면서 내 가슴 속에 잠저되어 있던 핸드메이드 병이 도졌다. 평평하여 편안한 2차원의 원단이 조물조물 손바느질을 거쳐 3차원의 물건이 되는 것은 꽤나 멋진 일이었다. 더이상 그릇을 사면 싱크대가 무너질 것(쇼핑의 신에 맹세코 절대로 그렇지 않다) 같다며 그릇에 눈길만 주면 으르렁대고, 가방은 여름용과 겨울용 딱 두 개면 되지 왜 그렇게 철철이 가방타령을 하냐며 면박을 주는 남편의 잔소리에 지친 나는 완제품을 사느니 몇천원 안하는 원단을 사서 몇만원짜리 가방, 스커트, 스카프 등을 뚝딱 만들어내고 싶었다(완제품을 사는 것도 모자라 재료에까지 손을 대기 시작했다는 심상치 않은 소식).

손바느질의 기본이 되는 퀼트를 배울 수 있는 퀼트숍에 등록해 두어 번 가고 나서야 '몇천원 안하는 원단'이란 그냥 듣기 좋은 말이란 걸 알아버렸다. 마음에 드는 수입원단은 4분의 1마에 3~5천원 정도 하는데 이걸로 가방 하나에 몇만원은 기본, 이불이라도 만들라치면 원단 값만 몇십만원이 드는 형국인 것이다. 그렇다고 1마당 3~4천원 하는 동대문 원단을 들이대자니 너무 확연한 품질의 차이가 눈에 밟혔다.

그래서 홍대 프리마켓 작가들이 추천한 인터넷 원단쇼핑몰과 네이버 지식인들이 친절하게 알려준 원단쇼핑몰 등을 말 그대로 밤낮 가리지 않고 미친 듯이 3개월쯤 뒤진 결과 딱 3~4군데의 사이트로 압축되었다. 오히려 동대문보다 저렴하고 수입원단 못지않게 질 좋은 원단과 각종 바느질 부자재 등을 판매하는 곳이었다. 썬퀼트 www.sunquilt.com 는 국산원단은 물론 프린트가 예쁜 보세원단이 막강한 사이트로 일요일 저녁 10시쯤 원단 업데이트하는 시간이 되면 전국의 퀼터(?)들이 컴퓨터 앞에서 클릭버튼을 손에 댄 채 대기하고 있다. 천나라 www.1000nara.com , 한스퀼트 www.hansquilt.co.kr 역시 예쁜 보세원단이 많다. 두 사이트 모두 동대문보다 저렴한 1마당 2천5백원 정도의 가격에 원단을 구입할 수 있어 요즘은 제작을 맡길 때를

제외하고는 거의 동대문 갈 일이 없다. 조금 두툼한 인테리어 원단을 원한다면 싸다천www.ssada1000.com이 최고!

손바느질하는 퀼트로 시작했다가 급한 성격을 참지 못해 친정엄마에게 재봉틀을 입양해온 뒤 봉틀이와 함께하는 핸드메이드라이프는 나름 지루한 일상에 활력을 주고 주변사람들에게 인심 쓸 일도 많이 생겼다. 또한 일상이 너무 지루해서 쇼핑하고 싶은 날, 원단사이트에 들어가 현란한 원단을 목차 끝까지 바라보며(보통 3백 개가 넘는 원단을 보는 것 같다) 2분의 1마에 1천5백원쯤 하는 아이들을 20개쯤 장바구니에 골라 담아본다. 결제버튼을 누르지 않고 창을 닫는 자제력을 발휘하면 내 스스로 대견한 마음도 든다. 아주 개인적인 케이스긴 하지만 나의 경우 원단에 골몰하는 사이 짜증스러웠던 기분도 어느정도 가라앉는 효과도 있다. 물론 반 이상은 아차 하는 순간에 마음의 충동을 이기지 못하고 결제버튼을 눌렀다. 그렇다 한들 1~2만원에 스트레스를 풀고 무언가 작품으로 다시 태어날 예쁜 원단이 생겼다는 것으로 위로 받아야지 별수 없다.

우리에게 살림살이는 예술이며 가족, 친구, 전통, 좋은 음식, 창의성이 어우러진 삶의 축제이다
— 마샤 스튜어트

우리에게 살림살이는 예술이며 가족, 친구, 전통, 좋은 음식, 창의성이 어우러진 삶의 축제이다
— 마샤 스튜어트

요즘은 옷 사는 일도 화장품 사는 일도, 구매대행사이트에서 그릇 사들이는 것도 시들해졌다. 그래서 '알뜰주
부로 개과천선했느냐' 하면, 물론 아니다. 우리가 누구던가. 이 무의미하고 우울한 인생에서 쇼핑만이 가장 큰
위안이라 여기는 삐딱이 염세주의자인 동시에 쇼핑중독자가 아니던가.

다만, 옷과 화장품 쇼핑 대신 완전 올인할 또다른 쇼핑꺼리를 찾았다는 얘길 뿐.
『쇼핑 스캔들』을 쓰던 중, 급히 말하자면 대책 없이, 다시 말해 계획에도 없이 덜컥! 임신을 한 우리는 처음에
는 하늘이 노래지고 땅이 꺼지는 절망감을 느꼈다. 구매대행으로 구입한 페라가모 하이힐도, 더 슈에서 새로
산 그 이쁜 반딱이 골드 슬링백도, 핑크색 부츠도, 그리고 스키니진 등등 온갖 유행아이템들이 앞으로도 오랫
동안 영영 쓸모가 없어진다는 얘기에 불과하므로.

임신 초기에는 실제로 그랬다. 이쁜 옷도 구두도 다 남의 나라 얘기인 것은 물론 이상하게 밥 안 먹고 쇼핑만
해도 배부르던 우리가 너무 피곤하여(이럴 수가!) 쇼핑의 의욕을 상실한 것이다. 하지만 그것도 잠시, 4개월이
지나고 5개월에 접어들자 우린 다시 불끈 쇼핑의 욕구가 치밀어오름을 느꼈다. 베이비용품의 세계는 실로 넓
고 방대하고 복잡하며, 신나고도 재미있었다.

동대문에서 파는 2천원짜리 아기 내복(모두 쇼콜라, 파코라반, 압소바 등 브랜드 로스이다)부터 가격이 그것의 200
배쯤 되는 크리스찬 디올 베이비 등의 명품의류. 안 쓰면 큰일 날 것 같은 오가닉 코튼 제품들, 비쌀수록 좋아
보이는 인체공학적 카시트와 유모차, 아기띠, 심오하고도 오묘한 젖병의 세계…… 새록새록 새로운 브랜드를

알아가며 그것들을 한 푼이라도 싸게 사고자 시간과 정렬을 올인하는중이다.
좋은 거 저렴하게 구입하기, 같은 돈으로 많이 구입하기, 남들이 좋다는 거보다 더 좋은 거 찾아내기… 아직도
우리의 쇼핑은 진행중이다. 진정한 쇼핑의 세계는 넓고도 깊으니까.

이 길고도 두서없는 글을 사이버공간 속에서 마주친 현명한 쇼퍼가 한 말로 마무리하고 싶다.

      때로는 날 닮은 물건에서 나를 발견하기도 하고,
          그 속에서 내가 되고 싶은 모습을 찾기도 합니다.

두 여기자가 목숨걸고 취재한

# 쇼핑 스캔들
## Shopping Scandal

초판 1쇄 발행 2007년 9월 20일   초판 2쇄 발행 2008년 4월 28일

**지은이** 김이연·박혜숙   **펴낸이** 김태영
**기획** 김도연

**비즈니스 1파트장** 신민식
**기획편집 3분사_** 분사장 노창현  편집장 최수진  편집진행 박혜진·조기준
1팀 김영혜  2팀 송상미 강재인  3팀 김남중  디자인 이세호
북디자인 늘푸른공작소  일러스트 김소연
**마케팅분사_**곽철식 이귀애

상무 신화섭   감사 김영진
신규사업 노진선미 이화진 오유미 황현주   외서기획 이영지
인터넷사업 정은선 왕인정 김미애 정진  홍보 허형식 임태순
광고 정소연 이세윤 허윤경 김혜선 이둘숙
**영업분사_**영업 권대관 김형준   특수판촉 최진  영업관리 이재희 김은실
**본사_**본사장 하인숙  경영혁신 김성자  재무 김도환 고은미 봉소아 최준용
제작 이재승 송현주  HR기획 송진혁 양세진
**교육사업파트** 이채우 김현종 이선지 우규휘

**펴낸곳** (주)위즈덤하우스  **출판등록** 2000년 5월 23일 제13-1071호
**주소** 서울시 마포구 도화동 22번지 창강빌딩 15층  **전화** 704-3861  **팩스** 704-3891
**홈페이지** www.wisdomhouse.co.kr
**출력·인쇄** 미광원색사  **종이** 신승지류유통  **제본** 세원제책사

값 13,000원   ⓒ 김이연·박혜숙, 2007   ISBN 978-89-6086-057-5  13000

*잘못된 책은 바꿔드립니다.
*이 책의 전부 또는 일부 내용을 재사용하려면 사전에 저작권자와 (주)위즈덤하우스의 동의를 받아야 합니다.